# FAMÍLIAS EM TERRADOIS

# JORGE FORBES

# FAMÍLIAS EM TERRADOIS

*Copyright* © Editora Manole Ltda., 2023, por meio de contrato com os editores.

Capa: Marianne Meni
Projeto gráfico: Marianne Meni
Revisão: Marcos Toledo
Produção editorial: Marcos Toledo
Organização: Liége Lise, Jéssica Magalhães, Vanessa Scofield
Editoração eletrônica: Formato

CIP-BRASIL. CATALOGAÇÃO NA PUBLICAÇÃO
SINDICATO NACIONAL DOS EDITORES DE LIVROS, RJ

F787f

Forbes, Jorge
  Famílias em TerraDois / Jorge Forbes. – 1. ed. – Santana de Parnaíba [SP]: Manole, 2023.
  128 p. ; 21 cm.

  ISBN 9786555769494

  1. TerraDois (Programa de televisão). 2. Famílias – Aspectos psicológicos. 3. Psicanálise. I. Título.

22-79776
CDD: 150.195
CDU: 159.964.2

Meri Gleice Rodrigues de Souza – Bibliotecária – CRB-7/6439

Todos os direitos reservados.
Nenhuma parte deste livro poderá ser reproduzida,
por qualquer processo, sem a permissão expressa dos editores.
É proibida a reprodução por fotocópia.

A Editora Manole é filiada à ABDR – Associação Brasileira de Direitos Reprográficos.

Editora Manole Ltda.
Alameda América, 876
Tamboré – Santana de Parnaíba – SP – Brasil
CEP: 06543-315
Fone: (11) 4196-6000
www.manole.com.br | https://atendimento.manole.com.br/

Impresso no Brasil | *Printed in Brazil*

Esta obra contém conteúdo complementar disponibilizado em uma plataforma digital exclusiva. Nela, estão reunidos vídeos de Jorge Forbes, que servem como apoio para a leitura do livro.

Para ingressar no ambiente virtual, utilize o QR code abaixo, faça seu cadastro e digite a senha: terradoisforbes.*

# SUMÁRIO

**PREFÁCIO** 11

1. **FAMÍLIA E RESPONSABILIDADE** 15
2. **EFEITOS DAS TECNOCIÊNCIAS NAS FAMÍLIAS** 25
3. **O ADMIRÁVEL NOVO PAI** 28
4. **GERAÇÃO MUTANTE: PALAVRA DIZ, PALAVRA TOCA** 31
5. **SILÊNCIO DAS GERAÇÕES** 36
6. **OS PAIS ESTÃO MAL?** 39
7. **SOMOS TODOS ADOTADOS** 45
8. **COMO SE OLHAM, PAIS E FILHOS?** 48
9. **QUANDO TODO MUNDO DESCONFIA DE SI MESMO** 51
10. **CRIANÇAS, PERDOAI!** 55
11. **O CASAMENTO CONTINUA, O FILHO ESPERA** 58
12. **FILHOS INESPERADOS** 61

13 **A PSICANALISTA, A MULHER, A INTERPRETAÇÃO: FRANÇOISE DOLTO** 64

14 **O EXCITANTE AMOR AO DIFERENTE** 66

15 **DE QUEM O PAI GOSTA MAIS?** 70

16 **ÓRFÃOS DO EXPLICÁVEL** 73

17 **MADRASTA × MÃE** 77

18 **OS PAIS ESTÃO DURANDO MUITO** 79

19 **PARA QUE CASAR?** 82

20 **FOFOCA COMO LAÇO SOCIAL** 85

21 **O SONHO ACABOU, VIVA O SONHO!** 88

22 **SEM COMPAIXÃO** 91

23 **FILHOS, COMO SABÊ-LOS?** 94

24 **REFERÊNCIA DE PESO** 97

25 **EU É UM OUTRO** 114

26 **AMOR ADOLESCENTE** 117

27 **EU TE AMO!** 121

# PREFÁCIO

CHAMO DE TERRADOIS o atual planeta em que vivemos. Ele é em tudo diferente daquele em que habitávamos até recentemente. Do nascimento à morte, passando por todas as etapas da vida, nada mais é como um dia foi. Sofremos a maior transformação do laço social dos últimos vinte e oito séculos.

Desorientado e angustiado frente a atual diversidade dos modos de viver, o "homem desbussolado" busca se localizar, caindo na tentação de usar velhos remédios para novos sintomas.

Porém, se não formos capazes de habitar TERRADOIS, veremos continuar crescendo as soluções para trás, ou seja, reacionárias.

Necessitamos de um programa que mostre, elucide, convide à fantástica experiência dessas novas formas de viver e de se relacionar, tanto no nível do indivíduo, como no das instituições. TERRADOIS não pode continuar sendo vista como uma terrível ameaça, mas, ao contrário, ela é uma enorme chance para a humanidade se reinventar.

Neste volume, abordamos múltiplos aspectos das **Famílias em TERRADOIS**.

Bem-vindo a esse novo tempo: TERRADOIS deve ser do nosso desejo e responsabilidade.

**Jorge Forbes**

# 1 FAMÍLIA E RESPONSABILIDADE

> Família é daquilo que todo mundo se queixa.

AS CONTRIBUIÇÕES DA PSICANÁLISE ao estudo da família que ainda estão sendo utilizadas por médicos, pedagogos e juristas envelheceram. Elas datam de um mundo que está deixando de existir, foram muito úteis, se nos basearmos na popularidade alcançada, mas são fracas para as questões fundamentais da família atual, a do início do século XXI.

A família de hoje se diferencia em um aspecto fundamental da família de ontem: ela é fruto de uma era em que o laço social é horizontal, enquanto, na anterior, era vertical. Na língua da psicanálise de orientação lacaniana, isso se traduz dizendo que saímos de um tempo da supremacia do simbólico e passamos para a supremacia do real. Explicarei.

O mundo anterior, do qual estamos nos despedindo, organizava o laço social em torno de símbolos maiores: na família, o pai; na empresa, o chefe; na sociedade civil, a pátria. Medíamos nossa satisfação pela proximidade que conseguíamos dos ideais propostos, para isso seguíamos uma disciplina estabelecida em protocolos e procedimentos. Como o mundo era padronizado, o futuro podia ser previsto. Isso ficava claro na forma com que os pais falavam com seus filhos, que seguia o modelo básico da implicação "se, então": "Se você não fizer tal coisa, então você não terá um futuro seguro e feliz". Seguro vinha antes do feliz, quando não era o seu sinônimo.

Nesse tempo, que não vai tão distante assim, pois não faz mais de quarenta anos, a psicanálise contribuiu com a ideia fundamental do diálogo, que propiciou o famoso "conversando a gente se entende". O poder quase tirânico dos pais de gerações anteriores foi substituído pelo pai amigo, compreensivo, próximo. Esse modelo foi exportado para o professor, para o médico, não tanto para o juiz. Dele surgiram práticas sociais de uma escola mais democrática, cujo maior símbolo foi Summerhill e de uma medicina paradoxalmente humanizada, como se outra houvera. Tudo era conversado, em alguns casos até demais. Lembro-me de ter acompanhado em análise uma filha sufocada por uma angústia causada pelo conhecimento das escabrosas aventuras sexuais de sua mãe, que tudo tinha lhe contado, entendendo que esse era o correto procedimento de uma mãe amiga. Talvez assim tenha sido cunhada a expressão: mui amiga...

Sofremos uma revolução no advento da globalização, perdemos o norte, a bússola, surgiu o Homem Desbussolado e com ele novos sintomas que não passam pelo circuito da palavra. Ficando só em alguns exemplos mais frequentes, comecemos pelo fracasso escolar. Diferenciamos "fracasso" de "rebeldia escolar". Se antes o aluno contestava a escola, propondo outra coisa, hoje, ele desconhece os valores da escola. Ameaças desesperadas de um professor frente a uma prova entregue em branco: de que o aluno não vai passar, que vai ficar de recuperação, que não vai conseguir o vestibular, que não vai entrar na faculdade, são recebidas pelo aluno com uma indiferença olímpica, quase com comiseração pelo desafortunado mestre. As agressões inusitadas, outro sintoma atual, apavoram mais pela surpresa que pela própria violência.

Pais aflitos me contam que seu filho de 15 anos, que sempre foi um jovem como todos os outros, pôs fogo na escola. Demoro um pouco a entender que não tinha sido um fogo em uma lata de lixo, ou em uma cortina. Não, ele havia posto fogo na escola toda, ela não existia mais, tinha virado cinzas. Até o incêndio, um menino como outro qualquer, depois do incêndio, um menino como outro qualquer. Nenhuma marca do ocorrido, nada além de um "que pena". Inútil nos valermos, para diagnosticar, das antigas categorias, nesse caso da perversão, elas não leem esses fenômenos atuais. Ainda um exemplo: as drogas. O uso das drogas não constitui uma novidade e sim a forma epidêmica de seu emprego, compreensível se levarmos em consideração que elas são receptores universais, que servem a qualquer tipo de tomada, e há muito fio desencapado atualmente.

Tudo está perdido? Não. Se há motivos pelos quais nos preocupar, há também soluções e essas vêm do mesmo terreno de onde surgem os problemas. Se a questão óbvia do Homem Desbussolado é a de como se orientar, vamos examinar o que tem a capacidade de organizar uma imensa quantidade de pessoas, que se aglomera em torno à música eletrônica. Não façamos como a maior parte dos amantes da bossa nova que nessa música só escutam um bate-estaca insuportável; lembremos do exemplo de Fleming que viu a penicilina onde outros só viam bolor. O interessante é nos perguntarmos como uma música que não tem sentido literalmente, que não tem letra, que se diferencia pelo número de batidas por minuto entre seus estilos: *house, garage, trance*, consegue transformar o show de Frank Sinatra no Maracanã, para 180.000 pessoas, em encontro intimista, uma vez que uma *Techno-parade* aglomera dois milhões e meio, três milhões de participantes, dançando juntos, sem se entenderem, sem cantarem um jargão comum, sem um barquinho que vai e vem, sem se perguntarem se você quer ser minha namorada, oh que linda namorada você poderia ser. Não dá para dizer que se trata de três milhões de autistas, claro que não. Possivelmente, esses moços demonstram a possibilidade de estar junto sem se compreender, "tá ligado?", no qual o "tá ligado" não é uma falta de algo melhor para dizer, mas aponta a essência do laço social na pós-modernidade: os "monólogos articulados", permitam-me assim chamá-lo.

Monólogos articulados, portanto, tomam o lugar dos diálogos compreensíveis, em nossa época. Isso também explica, a meu ver, o exponencial crescimento do Twitter: mais de cinco milhões de usuários no Brasil, nos últimos três meses, e é só o começo. Vivemos em uma Ágora eletrônica, encontramo-nos nessa praça aberta pelo tempo de um tweet, de um pio, tá ligado? O fundamental passou do raciocinar, típico da supremacia do simbólico, já referido, tão caro aos iluministas, ao ressoar. Alguém diz algo que ressoa, ou não, em outro alguém, que toca, que abre novas perspectivas: invenções do que pode ser, não do que já foi. Em uma sociedade plana, horizontal, a satisfação humana não é dada por cumprir bem uma tarefa, pois não há modelo fixo que defina o que é o cumprir bem. Essa época exige um triplo movimento: inventar, responsabilizar, publicar. É o que faz o artista: vê algo único, se responsabiliza pelo que viu

– os girassóis de Van Gogh, as bandeirinhas de Volpi, a Banda do Chico, os meninos do cais de Salvador, de Jorge Amado – e publica sua visão, correndo o risco da boa ou má repercussão. É uma responsabilidade ética, enquanto do particular, não moral, pois não se adéqua a qualquer modelo de comportamento.

Nesse movimento, a família ganha novo status. Em vez de ser o lugar onde se ganha coisas: semanadas, carros, presentes dos mais diversos, o que se ganha mesmo, a maior herança é a castração, um dos nomes do real. Em algum lugar Lacan chegou a dizer que não adianta a ninguém trocar de família, especialmente de pais, imaginando que terá seus problemas resolvidos. Eles reapareceriam iguaizinhos se isso fosse possível. Família é daquilo que todo mundo se queixa – boa definição – e se o fazemos é porque ela não oferece o que dela, especialmente dela, gostaríamos de receber: o nome do desejo. Isso fica mais evidente em um mundo despadronizado. Insisto, seja ela como for constituída: por cama, ou proveta; hetero ou homosexual; parceira ou monoparental, família é a instituição humana que tem a capacidade de fazer com que nos confrontemos ao real da nossa condição: a falta de uma palavra já pronta, *prêt-à-porter*, que nomeie o desejo de cada um.

É para um mundo sem orientação *standard* que discutimos Família e Responsabilidade, tema desse VII Congresso Brasileiro de Direito de Família, a cuja coordenação agradeço o convite para fazer essa conferência de abertura.

Qual Família e qual Responsabilidade? Impõe-se a pergunta. Uma família que nos depare com a " miséria criativa" da condição humana – miséria de sentido, criativa de invenção – e uma responsabilidade não frente ao conhecido, ao que deveria ser; não uma responsabilidade do controle e da disciplina, que chegou a inspirar Freud no conceito de superego, mas um novo tipo de responsabilidade frente ao acaso e à surpresa. Saímos da época do Freud explica e entramos na época do Freud implica.

É curioso ver as tentativas desesperadas daqueles que de alguma forma querem recuperar o sentido perdido da era anterior, não suportando estarem ligados no ressoar dos sentidos múltiplos. Acabam divinizando a matéria ou o espírito, aliás, como se essa dicotomia ainda fosse válida. Na matéria, assistimos o endeusamento da biologia, especialmente as pesquisas do genoma, esperado como se fosse uma astrologia científica, os genes, agora, nos papéis antes dados aos astros celestes na determinação das vidas. O genoma seria a nova carta astrológica com sanção científica, curioso. Por outro, lado explodem desde movimentos fundamentalistas religiosos – em todas as religiões, não somente nos risíveis e preocupantes exorcismos televisivos de nossas madrugadas – até os mal chamados livros de "autoajuda", que infestam as prateleiras das livrarias dos aeroportos e das rodoviárias.

Nessa paisagem, o tema Família e Responsabilidade, que será discutido aqui nesses dias, é crucial.

Se conseguirmos uma Família que suporte e transmita o fato – claro à nossa sensibilidade, obscuro à nossa compreensão – que para estarmos juntos, para nos amarmos não precisamos nos compreender, faremos que o Homem Desbussolado deixe de temer o século XXI. Não há nada a se compreender na delícia de um banho de cachoeira, na preocupação de um pai com um filho, na declaração de amor: Eu te amo. Não há nenhum por que, e se fosse explicado, perderia o sentido do afeto. Uma frase de união de um casamento poderia ser: "E que fiquem juntos até que a compreensão vos separe". Não se pode entender o amor, motivo de ter pensado como título dessa fala: "Família, um amor sem palavras", para explorar todas as possibilidades da polissemia dessa expressão. Se um dia a psicanálise promoveu o diálogo compreensivo e humanizador, as mudanças dos tempos nos exigem um esforço a mais no sentido de uma renovação ética. Em passeio por alguns autores que se debruçaram sobre essa questão, vejam o que encontrei. Em Luc Ferry, ao defender, recentemente, em seu livro "Famílias, amo vocês", a ideia aparentemente contraditória de uma transcendência na imanência, ele escreve:

> Ora, o humanismo pós – nietzschiano que proponho se baseia na constatação de uma exterioridade ou transcendência radical de valores, esse humanismo afirma que elas não se manifestam em nenhum outro lugar a não ser na imanência da consciência. Eu não invento a verdade, a justiça, a beleza ou o amor, em os descubro em mim mesmo, mas, entretanto, como algo que me ultrapassa e que me é, por assim dizer, dado desde fora, sem que eu possa identificar o fundamento último dessa doação[1].

Já Giorgio Agambem, em suas "Profanações", aborda esse ponto pelo viés da "Magia e Felicidade", provocando:

> Mas de uma felicidade de que podemos ser dignos, nós (ou a criança em nós) não sabemos o que fazer. É uma desgraça sermos amados por uma mulher porque o merecemos! E como é chata a felicidade que é prêmio ou recompensa por um trabalho bem feito![2].

Faz-se necessário entender tamanho ataque ao senso comum, que questiona os princípios elementares da educação das crianças e a boa postura dos adultos. Para tanto, reproduzo um pequeno trecho de trabalho anterior[3]. A resposta está no fato de que: "Quem é feliz não pode saber que o é; o sujeito da felicidade não é um sujeito, não tem a forma de uma consciência, mesmo que fosse a melhor"[4]. Dois aspectos são aqui relevantes: primeiro, é que felicidade não progride, nem se acumula, pois se assim fosse acabaríamos estourando em sua plenitude. Pensar então que hoje somos mais felizes que nossos antepassados é tão falso quanto o contrário, que ontem é que era bom, como insistem os saudosistas. Segundo, a felicidade se dá no acaso, no encontro, na surpresa, daí dizer que ela foge à consciência, que ela é uma magia. À sua maneira, Agambem trata da transcendência na imanência, proposta por Luc Ferry.

Isso nos leva a Hans Jonas, no seu fundamental estudo "Princípio Responsabilidade". Atenção, Princípio Responsabilidade e não "da" Responsabilidade. Princípio Responsabilidade da mesma forma que dizemos Princípio Divino, ou Princípio Racional. Para ele, necessitamos de uma nova ética calcada no Princípio Responsabilidade. – "Com efeito – diz ele – é uma das condições da ação responsável não se deixar deter por esse tipo de incerteza, assumindo-se, ao contrário, a responsabilidade pelo desconhecido, dado o caráter incerto da esperança; isso é o que chamamos de 'coragem para assumir a responsabilidade'"[5].

Finalmente, como soe acontecer, Jacques Lacan. Uma sentença esclarece sua posição: "Por nossa condição de sujeito somos sempre responsáveis"[6]. "Sempre" diz ele, não de vez em quando, ou dependendo da intenção, do conhecimento, ou de qualquer outra variável. Se o sujeito é sempre responsável, não haverá sujeito sem responsabilidade. Isso abre uma interessante questão para os advogados: "Como separar o responsabilizar do penalizar?" Em psicanálise é o que fazemos quando, nos tempos de hoje, do Freud implica, levamos o analisando à consequência responsável do que diz. Alguém pode, por exemplo, em uma sessão de segunda-feira, dizer que ficou pensando no fim de semana e que concluiu ser: "Um péssimo marido, um pai meia boca e um amante infeliz". O analista contrariando expectativas clássicas de relançamento de discurso, do gênero: "O que o levou a essa conclusão?", simplesmente diz: "O fato do senhor dizer que é um péssimo marido, um pai meia-boca e um amante infeliz, não diminui em nada o fato que o senhor seja um péssimo marido, um pai meia-boca e um amante infeliz". Essa intervenção é surpreendente para os muitos que estão habituados a pensar que somos irresponsáveis frente ao inconsciente, haja vista a consagrada expressão de desculpas: "Só se foi o meu inconsciente". Pois bem, o homem desbussolado continuará sem rumo se não lhe oferecermos a responsabilidade frente ao acaso, à surpresa, enfim, frente a seu inconsciente, e a família é aí o fórum privilegiado, diria mesmo, essencial. Lacan apostava que seria possível tocar no ponto íntimo de vergonha do analisante; não vergonha social frente ao outro, mas uma vergonha íntima sem a qual a vida fica nua, sem qualidade, desqualificada. A família é a primeira intimidade de cada um, sua "extimidade", se preferirmos o trocadilho de Lacan. A família funda a extimidade de cada pessoa.

É por esse caminho que seguem nossas atuais reflexões sobre Família e Responsabilidade, no domínio da psicanálise. Será que elas podem ser úteis em questões como a que hoje espera decisão no STF, do julgamento de um pai ausente? Espero que elas renovem uma antiga história de colaboração de advogados com psicanalistas. Aliás, uma curiosidade: Freud estava em dúvida até o último momento se cursaria direito ou medicina, tendo finalmente escolhido a medicina e criando a psicanálise para advogar a causa do sujeito do inconsciente, o desejo, dando-lhe cidadania.

**Muito obrigado.**

**NOTAS**

1 FERRY, L. **Famílias, amo vocês**. Rio de Janeiro: Objetiva, 2008, p. 98-99.
2 AGAMBEN, G. Magia e felicidade. *In*: **Profanações**, São Paulo: Boitempo, 2007, p. 23-25.
3 FORBES, J. Felicidade não é bem que se mereça. *In*: XVII ENCONTRO BRASILEIRO DO CAMPO FREUDIANO. Rio de Janeiro, 21 a 23 nov. 2008.
4 AGAMBEN, G. Magia e felicidade. *In*: **Profanações**, São Paulo: Boitempo, 2007, p. 23-25.
5 JONAS, H. **O princípio responsabilidade**. Rio de Janeiro: Contraponto, 2006, p. 351.
6 LACAN, J. A ciência e a verdade. *In*: **Escritos**. Rio de Janeiro: Jorge Zahar, 1998, p. 873.

## 2 EFEITOS DAS TECNOCIÊNCIAS NAS FAMÍLIAS

Como será o amor nos tempos das bodas cósmicas, muito além das bodas de prata e de ouro?

**NADA MAIS É COMO DANTES ERA.** Do nascimento à morte, vivemos o maior tsunami que já se abateu sobre o laço social humano, nesses últimos 2500 anos, tempo dos registros racionais.

O principal responsável por esse furacão é a NBIC. Sigla pela qual os americanos resumem: Nanotecnologia, Biotecnologia, Informática, Cognitividade.

Depois da revolução industrial, que soube operar a nível do milímetro; depois da revolução do *chip*, quando aprendemos a operar o mícron, milionésima parte do metro; agora começamos a dominar o nano espaço, o da bilionésima parte do metro.

Um exemplo palpável dessa conquista são os avanços na cura do câncer, uma das principais *causa mortis* da humanidade, por estarmos prontos para operar os cromossomos, no nível nanométrico. Nesta operação se articulam os quatro fatores citados NBIC. E, em uma velocidade geométrica, se articularão cada vez mais e melhor dado o que chamamos *big data*.

Quais os efeitos sobre a família? Pergunta essa mesa. E quais os efeitos sobre a clínica? É a questão correlata e consequente. Listemos algumas perguntas:

- Como reagirá uma menina, ao chegar a sua juventude e ficar sabendo que seus pais, ambos cegos, modificaram o genoma dela, fazendo-a também cega, para melhor conviver com eles?
- Como se expressarão os sintomas de fracasso escolar, quando nossos filhos ou netos tiverem um *chip* do Google implantado em seu cérebro?
- E para completar esse aspecto, como será a cura da memória quando, por esse mesmo *chip*, perdermos a bela capacidade de esquecer?
- Como será ter trineto, quadrineto, pentaneto, ou como será ter pai e mãe vivos e ativos quando nós tivermos noventa anos e eles cento e vinte?
- Como viveremos o fim da providência que caracterizava a paternidade. O pai não será mais o eterno provedor, aquele que paga a pizza no domingo. Como ele vai se reposicionar e como os filhos vão se reposicionar com esses pais que vão durar muito?
- Como será o amor nos tempos das bodas cósmicas, muito além das bodas de prata e de ouro? E como a libido se realizará?

Essas são só algumas questões selecionadas ao acaso na linha da vida, que não tem nada de *science fiction*, pois são possibilidades do hoje, embora ainda curiosamente pouco discutidas nas plataformas políticas. Antes de sermos devastados por esse tsunami, melhor nos prepararmos a enfrentá-lo, diria mais carinhosamente, acolhê-lo, dado que estamos frente a um renascimento único da subjetividade humana, o que se configura em uma chance que, dependendo de nós, pode ser uma feliz chance.

A psicanálise terá de ir além da estrutura edípica, pois esta, com sua estrutura linear e hierárquica, marcada pela supremacia do Simbólico, não lê a pós-modernidade, não basta para esse novo mundo, para TerraDois, como nomeei a emissão que criei para a TV Cultura, no Brasil.

Além do Édipo, na segunda clínica de Lacan, temos a clínica do Real. Uma clínica que evidencia o incompleto, o buraco na essência humana. Se nos animais a essência precede a existência – uma abelha, por exemplo, sabe ser uma abelha, e ela é sempre a mesma – no humano a existência precede a essência, somos sempre outros, daí criativos.

Se Freud descobriu o inconsciente, discute-se. Porém, com certeza ele descobriu, melhor, ele inventou o psicanalista, como ressaltou Lacan. Somos, assim, pelo trabalho com o Real, profissionais do incompleto. Não temos porque temer o avanço das tecnociências pensando que elas um dia abolirão o azar, o acaso, aludindo a Mallarmé. Não temos motivos para ser cúmplices de uma ética do medo, como infelizmente propõe Hans Jonas ao final de sua clássica e fundamental obra "Princípio Responsabilidade". Não, nós temos resposta melhor. Quando pessoas geniais como o criador da Tesla, Elon Musk, preconiza que talvez amanhã sejamos cachorros labradores da IA, sigla de inteligência artificial, o psicanalista saberá propor além de uma clínica do Freud explica, uma clínica do Freud implica, implica o sujeito na sombra que se renova frente a qualquer avanço tecnocientífico. Não se responde a isso com medo, mas com IR: Invenção e Responsabilidade.

## 3 O ADMIRÁVEL NOVO PAI

*Uma mãe autoriza a invenção, desde nossos primeiros balbucios, um pai legitima a sua existência.*

**IMITAR OU CRITICAR?** Por muito tempo a relação com um pai se restringia a essas duas possibilidades. O pai, até bem recentemente, era tido como uma das principais referências em uma sociedade vertical, marcada por padrões estáveis orientadores. Tínhamos o pai na família, o chefe na empresa, o presidente no país. Essas figuras marcavam o caminho que era seguido ou contestado.

Se uma pessoa tinha um pai muito forte, importante, conhecido, havia quem pensasse o quão duro seria para o filho que podia se sentir pequeno demais frente a uma barreira muito alta a ser suplantada. Por outro lado, se ocorresse o contrário, se o pai fosse do tipo anônimo e genérico, aí o filho poderia sofrer de culpa, uma vez que bastaria dar um passo para ir além do pai. O primeiro caso era dado como explicação a filhos inibidos, o segundo, a filhos exibidos, analisando superficialmente.

E hoje? A pós-modernidade ao deslocar os padrões verticais da sociedade, ao horizontalizar o laço social, criando a conhecida sociedade em rede, exige uma nova figura de pai, distinta dessa que nos habituamos a conhecer, descrita acima. O pai passa da posição de representar um ideal, um padrão, para a posição de garantidor da flexibilidade da referência. Um filho tem que encontrar em um pai alguém que lhe garanta a legitimidade da invenção de sua forma de viver. Se uma mãe autoriza a invenção, o pai a legitima. São os dois movimentos necessários para viver na época atual da globalização: invenção e responsabilidade. Inventar uma forma singular de ocupar o seu lugar na vida, uma vez que nada está dado *a priori*, e ter a coragem de expor essa singularidade, inscrevê-la no mundo responsabilizando-se por ela. É o movimento de qualquer artista: Chico escuta uma banda que é só dele e consegue nos convencer da forma que ele a escuta. Jorge Amado faz o mesmo com a Bahia. Impossível ver a Bahia sem os óculos do escritor que transforma cada gingado de uma morena em Gabriela. Não nos exijamos o talento dos artistas, mas sim a coragem desse duplo movimento: inventar e responsabilizar.

Uma mãe autoriza a invenção, desde nossos primeiros balbucios, um pai legitima a sua existência, ou seja, o por fora de si. É o que está na raiz da palavra existir; composta de "ex", fora, com "sito", local: ex-sistir quer dizer "colocar fora". Um detalhe para ser aprofundado em outro artigo: mãe e pai são funções por vezes coincidentes com as pessoas biológicas, mas não necessariamente, para a sorte de todos nós, se não os órfãos estariam fortemente prejudicados.

A partir desse admirável novo pai, admirável por sua novidade, mais que pela sua grandeza, é pouco esclarecedor continuarmos a nos fiar nas análises maniqueístas de pai forte, pai fraco; filho identificado, filho rebelde.

Pai é quem tem um sentimento sagrado por um filho. Sagrado vem de sacrifício. Pai é quem tem um amor radical – sem explicação – e que pode morrer por um filho. É esse ponto de amor radical que é detectado pelo filho e sobre o qual ele se apoia na invenção singular de sua vida. Um filho sabe que ali ele conta, que dali ele pode contar sua vida, dar-se à existência. Não nos surpreende que pais e filhos possam trabalhar melhor juntos agora do que no passado. Fora do eixo imaginário da dominação, pais e filhos convivem bem como nunca nesse amor radical que possibilita expressões distintas, diversas e divertidas, com a marca de uma mesma família. Não faltam exemplos: Coppolas, Veríssimos, Holandas, Douglas, Cravos e, seguramente, muitos mais.

## 4 GERAÇÃO MUTANTE: PALAVRA DIZ, PALAVRA TOCA

**Como se inventar uma vida a partir dos cacos e não dos ideais?**

**DOS DOIS LADOS DO EQUADOR**, em Escolas da Associação Mundial de Psicanálise (AMP), Escola Brasileira de Psicanálise e Escola da Causa Freudiana, discute-se, nesse ano de 1999, "Palavras e Corpos". Esse fato aponta um momento de viragem na clínica psicanalítica, tal como ela é pensada e exercida em nosso meio AMP: mudança de uma primeira clínica centrada na interpretação significante, que se apoia no inconsciente estruturado como uma linguagem, para uma segunda clínica, a da captura do gozo, que escapa à estrutura da linguagem, a clínica do real.

O tema palavras e corpos alude à questão maior dessa segunda clínica de Lacan: como capturar o gozo, o real do corpo, pela palavra? Temos interesse clínico em fazê-lo, uma vez que postulamos o final da análise como a retificação do sujeito com o seu gozo.

Essa questão vem sendo progressivamente elaborada em nosso meio, sendo exemplos desse caminho o título de um dos recentes Encontros Internacionais: "O poder da palavra", inspirado no poeta René Daumal, que buscava não o que a palavra pudesse significar, mas o seu caroço, o seu sabor; e o curso "Orientação Lacaniana", de Jacques-Alain Miller, que tem se dirigido à experiência do Real na psicanálise.

A nova clínica em discussão acompanha os sinais dos tempos: tempo de globalização, de quebra dos ideais, de achatamento do eixo vertical das identificações, enfim, do homem pós-moderno ou pós-industrial.

Escolhi centrar minha reflexão sobre os adolescentes, por um duplo interesse: primeiro, pensando serem eles os que mais espetacularmente exibem os traços da mudança de paradigma, da era industrial para a da informação. E também, a fim de verificar como estes adolescentes estão encontrando soluções inusitadas para viver um mundo onde o Outro não existe. Observá-los pode nos ser de grande valor se conseguirmos transpor para nossos consultórios a essência das experiências desses jovens.

O adolescente de 1999 é diferente do adolescente de 68. Em 1968 o adolescente era rebelde, empunhava bandeiras, tinha gritos de guerra, planos de reforma da educação e da sociedade, sonhos, utopias. Havia uma forte presença da organização vertical das identificações: pai, professor, pátria, que justificava a rebeldia. Hoje, temos o "fracasso escolar"; no lugar da antiga contestação, apareceu o menosprezo, o desinteresse pelo saber orientado.

Em 1999 o mundo é outro. A globalização desregularizou a ordem social: o pai foi relativizado, os países se uniram em comunidades setoriais : Europa, Ásia, América do Norte, América do Sul; a economia não respeita fronteiras, etc., etc. O menino criado por seus pais nos ideais de escolha, realização e ganho da era industrial, encontra-se com os cacos da indústria. Onde tinha chaminé da fábrica apontando o céu, surge a telinha virtual, jogo de múltipla opção, lego de adulto.

O que fazer: desesperar ou inventar? Como se inventar uma vida a partir dos cacos e não dos ideais? Vejamos o que se passou em Detroit, cidade industrial por excelência, quando, em 1972, seus habitantes sofreram o baque do fechamento da toda poderosa fábrica da General Motors, pilar da sociedade local. Ocorreu uma revolução: as máquinas que asseguravam o amanhã, partiram. Estava pronto o cenário para o surgimento de uma música representativa de uma nova era – pós-industrial – a *techno*, a música eletrônica.

Os três pioneiros da música eletrônica foram: Juan Atkins, Derrick May e Kevin Saunderson, que tiveram a ideia de uma nova arte, produto da mistura do que encontravam, dos restos. Declarou May, citado por Guillaume Bara : "Fomos levados a criar esta música inconscientemente. Tiramos a ideia das máquinas e criamos nossos próprios sons. Todos esses sons provinham do universo da mecânica, da indústria, das máquinas, da eletrônica. Do meio que nos criou, de alguma maneira".

Mix é o nome, cultura mix, de mistura. Nas festas embaladas pela música eletrônica, não é um cantor, ou um grupo musical que atrai a atenção, é o DJ. Esse DJ, antigamente relegado a um papel secundário de escolhedor de músicas, passou à frente do palco. Ele não reproduz, ele toca : na sua frente tem uma mesa com dois, três, às vezes quatro *pick-ups* de discos em vinil e, com rara maestria, ele mistura os sons. Tanto melhor é o DJ, quanto menos o público percebe que o que está ouvindo é o produto de discos diferentes, tocados simultaneamente. Está aí uma figura tão atual para os analistas, de um homem pronto à circunstância. Para encontrar um ponto de articulação entre as diferentes músicas é fundamental a coincidência do número de batidas por minuto. Aliás, este é um dos principais critérios – o número de bpm – na diferenciação dos estilos da música eletrônica: *Garage* (+120 bpm), *House* (+ 130 bpm), *Trance* (+ 140 bpm), *Jungle* ou *Drum and Bass* (+ 180 bpm), etc.

É importante ressaltar que a música eletrônica não tem letra e, quando há voz, esta funciona como nota musical e não significando algo. É uma música que não necessita tradução, não é feita para ser compreendida; é compatível com a época da internet: cada um encontra aí seu interesse corporal, sem ter que explicar o porque. Não há uma boa razão universal, nenhum ideal unificador.

O crescimento de participantes em eventos de música eletrônica é notável. De alguns poucos duzentos, trezentos, que se reuniam há alguns anos atrás, chegamos aos números milionários de frequentadores dos carnavais eletrônicos das ruas de Berlim e de Paris, recentemente.

Os adolescentes podem estar sinalizando – é minha hipótese – uma nova forma de apreensão do gozo do corpo, que não passa pelo circuito integral da palavra, pelos métodos habituais do diálogo. Seriam os adolescentes atuais mais mutantes do que rebeldes? Por que não? Talvez não seja mais o caso dos pais aguardarem pacientemente que seus filhos finalmente alcancem sua razão e sabedoria – como fizeram os pais do adolescente/1968 –, mas de perceberem que há uma forte mudança no ar contemporâneo.

Ao fenômeno atual da música eletrônica podemos somar o crescimento espantoso dos esportes radicais. Nunca se praticou tanto alpinismo, asa-delta, canoagem, *down-hill* em bicicletas, etc. Podemos também aí notar novas tentativas diretas – fora da palavra – de apreensão do real do corpo, da morte, em uma sociedade que se desritualizou, que não oferece mais elocubrações coletivas sobre os limites, sobre a morte. Afinal, não vai assim tão longe o tempo do respeito constrito aos quarenta dias da quaresma. Não importava se a pessoa era ou não católica – ninguém passava indiferente àquelas semanas quando era proibido comer carne, celebrar casamentos, usar roupas coloridas.

A globalização, a queda dos ideais e da ordem masculina, abriu a possibilidade ao curto-circuito da palavra, para o pior e para o melhor. Para o pior, notamos o aumento das doenças que chamaria de "doenças do curto-circuito da palavra": os tóxicos, a delinquência despropositada, o fracasso escolar, as afecções psicossomáticas. Para o melhor, surgem soluções inovadoras como as já citadas música eletrônica e esportes radicais.

A época do Outro que não existe, exige um novo analista. Ele não terá que frequentar festas *raves*, nem despencar de montanhas, mas deverá saber se posicionar naquele espaço que Lacan aprendeu no Tao, como sendo o do *"vide-médian"* (vazio-mediano), espaço entre fazer e desejar, entre corpo e palavra, se quiser servir a que seu paciente possa retificar suas relações com o gozo desbussolado desses dias.

Volto à minha esperança do início: talvez conseguiremos transpor para nossos consultórios a essência da experiência desses jovens, no curto-circuito da palavra, tal como Freud um dia conseguiu reproduzir, em sua sala, a invenção da histérica de cura, no circuito da palavra. A palavra que antes dizia, hoje, toca.

# 5 SILÊNCIO DAS GERAÇÕES

*Se há uma herança digna da paternidade é a de que nem tudo se explica, não porque não se queira, mas, simplesmente, por ser impossível.*

**EX-ERGO**: O pai matou o filhinho; a filhinha matou o pai e a mãe; o aluno incendiou a escola; a senhora se suicidou. E todos pareciam tão sadios, iguais a toda gente! Está todo mundo perdido: maior que o medo é o suspense. Surgem calmantes de ocasião, sempre três: psicose, moral e possessão. Voltam o chicote, as lições de moral e cívica e o ato de contrição. Um mundo reacionário se anuncia e Bush, no círculo oval de seu pensamento, reedita as peripécias do grande ditador. Oh tempos, oh costumes!

O pai refestelado em sua poltrona de domingo, acabou de ouvir fantásticas explicações sobre o mundo atual. Eram três especialistas em comportamento, concordantes com a necessidade de voltar à velha disciplina: "educação se dá em casa e chinelo e palmatória não deviam estar aposentados". Ele está mais tranquilo; nem dormia mais direito, com medo de ser assassinado. Chegou a pensar que se nos aeroportos existem detectores de metais, como não descobriram ainda os detectores de "mentais"?

Seu sonho de segurança tinha ficado abalado com aquela psiquiatra esfaqueada pela filha. "Como é que não previu? Não era psiquiatra? Santo de casa não faz milagre", reconfortou-se. Três dias depois, Mariana, coordenadora do Padre Félix, colégio de classe média alta dos Jardins, constata boquiaberta que mais de cinquenta por cento dos meninos chegaram ao colégio com rosto macerado: apanharam em casa. Corre a seu supervisor, e ele diz: "Há um silêncio entre as gerações", que está difícil de ser assimilado. Não há uma só educação padrão, *standard*, logo, o que há são educações, no plural. E se há educações há que se escolher. Preferir uma ou outra é opção pessoal. Não há uma razão para que seja essa e não aquela. É um querer mais que um saber, e o querer não se compreende totalmente, é arbitrário. Confundem arbitrário com abuso de poder e, no entanto, arbitrário só diz daquilo que não se demonstra pela dedução. Sim, meu filho, essa é a minha opção. É claro que existem outras formas. Melhores? Não sei, pode ser que sim, mas essa é a minha e eu sou seu pai, eu sou sua mãe. Você vai mudar de casa? Não adiantará, as opções mudam, mas não o arbitrário, o silêncio da razão. Pais detestam falar assim, pois invariavelmente, o filho vai dizer: "Eu não gosto de você". Ai! Nem pai, nem professor suportam esse "eu não gosto de você". Tratam de falar manso, buscar explicações, convencimentos, concordâncias e o que melhor conseguem é transmitir que tudo se explica, que não há limite à razão. E o filho, proibido de dizer "eu não gosto de você" vai se encharcando na angústia do ilimitado: bateu um carro? Dou outro. Perdeu um ano? Ganhou maturidade. Matou um índio? Eu te absolvo. Eu te compreendo em qualquer coisa, meu filho. E o filho da compreensão ilimitada se tatua: uma fronteira no corpo; se bate: um limite à expansão; mata, se droga, se mata. Não mamãe e papai, nem compreensão geral, nem palmatória. Se há uma herança digna da paternidade é a de que nem tudo se explica, não porque não se queira, mas, simplesmente, por ser impossível.

É, meu filho, tem um silêncio entre nós dois, a ponte da palavra não nos contém. Vamos nos perder? Pode ser que não, sobre esse silêncio podemos inventar. Teve um Drummond que de uma pedra no meio do caminho, em vez de jogá-la no outro, poetou. Teve um Chico e um Milton que cantaram uma coisa que não tem nome, nem nunca terá.

O limite da palavra é a invenção, é só poder suportar: melhor esse risco do que a desgraça razoável.

Meu filho, senta aqui, não nos compreendemos, e daí? Pôr do sol, mergulho em Fernando de Noronha, brigadeiro, beijo, avião decolando, chuva na mata, precisa de explicação? Tem tanta boa coisa no silêncio. PSIU!

# 6 OS PAIS ESTÃO MAL?

*O adolescente de hoje não é um rebelde, mas um mutante.*

Camilo Vannuchi e Carla Gullo
Jornalistas Revista **Isto É**.

**ENTUSIASTA DA MÚSICA ELETRÔNICA E FÃ DO FILME** *MATRIX*, o psicanalista Jorge Forbes, 52 anos, tem motivos para criar polêmica. Aluno de Jacques Lacan nos anos 1970 e um dos principais responsáveis por trazer a psicanálise lacaniana ao Brasil, ele se difere em algumas opiniões. Enquanto a maioria de seus colegas considera esta uma geração individualista, Jorge Forbes elogia a atitude criativa da moçada e admira sua capacidade de lidar com a passagem da era industrial para o mundo globalizado. Ideias como essas estão reunidas nas crônicas e conferências publicadas em seu novo livro *Você quer o que deseja?* (Manole), cujo título já causa uma certa inquietação.

**Qual a diferença entre querer e desejar?**
Existe uma incompatibilidade entre esses dois verbos que, no consenso, caminham juntos. Mas não é assim. Em geral, o querer está vinculado à necessidade biológica – quero comer, quero dormir – e o desejar está ligado a aspectos de prazer expressos em frases como "mais forte do que eu". O homem é o único animal que come por apetite e não por necessidade. Escolhe entre ir a um restaurante ou ao cinema. Nossa vida é marcada por decisões que nem sempre têm a ver com necessidade.

**É difícil escolher?**
Sim. Toda vez que se escolhe algo que deseja, há possibilidade de não ser compreendido. Quanto mais alguém quer ser compreendido, mais recorre ao senso comum. Por exemplo: a escolha de passar o *réveillon* em Copacabana tem mais chance de ser aceita do que a de ir para um lugar que ninguém conhece. Essa é uma forma careta de viver. Uma escolha média leva a uma satisfação média, a uma vida sem sobressaltos.

**Mas antes o senso comum não era regra?**
Estamos entrando na era da globalização e vivemos uma mudança no eixo das identidades. Na era industrial, havia um eixo vertical. Impunham-se padrões de comportamento: o cinema e o teatro que deviam ser vistos, a profissão certa, a idade para casar... Tínhamos uma sociedade referenciada. Na globalização, as pessoas se veem jogadas ao exercício da singularidade. Isso gera uma época de criatividade superior à outra, mas traz novos problemas como o desenfreamento do consumismo.

**Você compara essa questão do desejo ao filme *Matrix*. Por quê?**
*Matrix* é um filme sobre decisão, desejo e opção. Acho que o sucesso de *Matrix* entre os moços se deve ao fato de estimular uma reflexão sobre a obrigatoriedade de se optar. Este é o grande problema da globalização. Uma vez que existem possibilidades multiplicadas, é preciso optar.

**A música eletrônica e o *Matrix* são símbolos da juventude?**
São soluções que a juventude dá ao momento atual. Essa juventude se deparou com um mundo despadronizado e o nomeou mundo mix. Quando se quebra o padrão, se quebra também o diálogo como cimento fundamental do laço social, como era considerado pelos iluministas, que tinham o saber como direção principal da experiência humana. Quando duas pessoas falam com parâmetros diferentes, o diálogo é substituído por monólogo. Achava-se que a quebra do diálogo levaria à explosão do vínculo social e à barbárie. Quebramos o padrão e a barbárie não veio. Esperava-se que caíssemos em uma época de promiscuidade sexual e ela não veio.

**Então o grande problema da juventude não é a tão propalada falta de perspectiva?**
Existe uma falta de perspectiva porque nossa geração quebrou os valores. Os moços de hoje têm que inventar seu futuro. Na era da globalização, são obrigados a assumir com responsabilidade o que fazem. Os laços sociais tornam-se mais frágeis no tempo e mais responsáveis na escolha. Essa mudança é um problema para quem gosta da acomodação e é uma vantagem para os que suportam a criatividade.

**Por quê? Os pais não se sentiram sempre desconfortáveis no mundo dominado pelos filhos?**
Acho que não. Na era anterior, os jovens se rebelavam contra os pais, mas criavam um mundo à imagem e semelhança do anterior. O adolescente de hoje não é um rebelde, mas um mutante. Ele sabe lidar com o mundo não cartesiano. A nova geração não responde à ética do dever como nós, mas à ética do desejo. Entre o jovem de 2003 e o jovem de 1968 há uma diferença fundamental. Mudaram a ética, os laços sociais, houve uma proliferação das possibilidades, uma maior exigência da escolha.

**E como serão os adolescentes nesta configuração de mundo?**
Estou quase apostando que a adolescência, tal qual a conhecemos, não haverá mais.

**O que virá, então?**
Chamamos de adolescência uma fase entre a infância e a idade adulta. É uma época na qual a pessoa teria que, progressivamente, adaptar sua forma de trabalhar e de se satisfazer, em consonância com o mundo dito adulto. Essa divisão fica relativizada às particularidades de cada um, pois, se não há mais padrão, não há como manter válidas categorias como rebeldia. Só existe rebeldia se houver um padrão fixo. O exemplo da Suzane von Richtoffen (a menina que planejou o assassinato dos pais, no ano passado) mostra como nossas categorias estão ultrapassadas.

**Por quê?**
A violência social é nossa velha conhecida. O que nos falta são categorias para lermos suzanes, para lermos o estudante que põe fogo na sua escola para ver uma fogueira de São João, ou põe

fogo no índio. Precisamos criar novas categorias para entender esse tipo de violência, que não respeita classe social.

**Além desta nova violência, quais outros sintomas esta nova formação da sociedade traz?**
Um exemplo são as novas histéricas. Nós aprendemos a amar a velha histérica. Ela era legal, tinha seu charme. Contestava qualquer ordem estabelecida. Se você chegasse e dissesse a ela "eu te amo", ela virava a cara e reclamava "só porque eu sou bonita". A nova histérica é completamente desregulada do sentido da ordem e mais violenta. Ela é como Medeia, que matou os próprios filhos para demonstrar sua raiva por Jasão. A nova histérica busca obter o que deseja sem dó. Suzane assassinou os pais e fez um churrasco no dia seguinte não por ser uma psicótica nem uma psicopata. O psicótico não reconhece o que faz e o psicopata reconhece, mas não dá importância. Acho que Suzane não é nem uma coisa nem outra. É o exemplo atual de uma nova forma de ser, que deseja sem querer, que age por desejo, de maneira inconsequente.

**A sociedade percebeu onde leva o caminho do não limite. Isso não é uma vantagem para os pais recentes?**
Sem dúvida. Meus filhos, de 14 e 21 anos, fizeram parte dessa geração mutante. Agora, as crianças mais novas já vivem uma fase um pouco mais confortável, para a qual a vanguarda não é novidade. Nossa geração foi muito marcada pela regra de que os pais deveriam falar tudo aos filhos e estes só deveriam cumprir obrigações se as entendessem. Mas muita coisa que queremos de nossos filhos não será compreendida por eles. Os pais precisam aprender a ser arbitrários. Não dá mais para fazer sermões ou discursos.

**Essa nova atitude existe em toda a sociedade?**
Em toda ela. Minha proposta é "não se justifique, não se explique". Vale para a relação pai e filho, professor e aluno, chefe e subordinado. Não adianta querer explicar. Escrevi uma carta ao Lula, publicada no livro, em que digo isso a ele. "Você está fadado a ser incompreendido. Para de se justificar porque não vai dar certo." A nova liderança deve aprender a lidar com isso.

**Mas não é complicado dizer a um presidente eleito que ele não deve explicações a seus eleitores?**
Ele não vai saciar jamais o pedido de explicação. Freud dizia para não tentarmos acalmar a fome do superego porque o superego é insaciável. Essa instância cobradora de posições chama-se superego. Quanto mais tentarmos nos adequar a ele, mais ele vai dizer que ainda não é suficiente: "Lula, você se desculpou aos idosos, mas você devia ter ido lá para a fila. Aliás, devia ter ficado na fila. Mais do que isso, você devia ser um idoso. Aliás, você devia ter morrido na fila."

# 7 SOMOS TODOS ADOTADOS

Todos nós desconfiamos se realmente pertencemos à família que portamos no nome.

QUEM, AO MENOS UMA VEZ NA VIDA, tendo irmãos mais velhos, não escutou, angustiado, essa declaração de má procedência. Se esse insulto pega, se ele atemoriza suas vítimas, se ele é eficiente, como é, é por tocar em um ponto sensível ao animal humano: a desconfiança da filiação. Todos nós desconfiamos se realmente pertencemos à família que portamos no nome, isso porque pensamos que a família é o lugar no qual seríamos compreendidos em nossas dores e desejos, sem mal entendidos. Desde que nascemos nos contam que Papai e Mamãe são as pessoas que mais nos compreendem, que nem precisamos abrir a boca e já sabem o que queremos. Um "ai" é dor de ouvido; um "ei" é sinal de fome; um "ii" é felicidade pura, e assim por diante. Então, quando começam os desentendimentos, em vez de se por em xeque a possibilidade de compreensão total, o que pensamos é que houve um erro de família. Ora, se não conseguimos escapar ao mal entendido, não é por erro ou por má vontade, mas porque ele é inevitável, uma vez que o que dói e o que dá prazer tem sempre uma carga de inominável.

Essa nossa desconfiança estrutural provoca a vontade de criarmos selos de origem certificada, como se faz com os vinhos, em árvores genealógicas muitas vezes encomendadas. Tudo vale para enobrecer o presente capenga em um passado glorioso. Muitos buscam um artista, um político importante, um milionário, um erudito, um herói, ou melhor ainda um conde, entre seus antepassados. Tem uma cidade de turismo de inverno no estado de São Paulo, Campos do Jordão, que adora se apresentar como a Suíça brasileira – mais um tipo de filiação imaginária – na qual uma loja faz sucesso vendendo heráldicos brasões a todos os que passam. Ninguém escapa, ninguém leva bola preta, tem brasão para todo mundo.

Essa tendência do amor à tradição, mesmo que encomendada e paga – tal qual o burguês fidalgo – deve aumentar nos tempos atuais. Nossa época, chamada de pós-moderna, quebrou os padrões de sentido da anterior. Nada mais é como dantes era, do nascimento à morte, passando pelo amor, pela educação, pelo trabalho, etc., levando-nos a uma crise de orientação, a um desbussolamento generalizado, que nos hipertrofia e generaliza a sensação de "fui adotado". E para piorar, dando base científica a essa fantasia, os estudos atuais do DNA têm revelado que, no Brasil, aproximadamente dez por cento das pessoas não são filhas biológicas de seus pais. Dez por cento é muito, não? Já pensaram? Em uma classe ou em uma festa de cem pessoas, dez têm outro pai biológico. Santas mães dos céus!

Em decorrência disso, constatamos uma febre de pertencer a alguma fraternidade, clube, nicho e semelhantes agrupamentos. Surgem clubes do vinho, do charuto, de viagem. Dão-se festas temáticas com roupas uniformizadas. Revistas se dirigem a nichos como o do luxo, no qual todo mundo se veste igual com a mesma roupa "exclusiva". Há uma ânsia de pertencer a uma linhagem, de fazer parte, de ser reconhecido, de garantir um lugar estável no mundo. O medo está no ar, as pessoas temem que a linha do celular caia, ou serem deletadas das redes sociais. Mais do que nunca, tudo o que era sólido se desmancha no ar. Pior que nascer na lata de lixo é ser incinerado vivo e virar cinza sem memória no Outro.

## 8 COMO SE OLHAM, PAIS E FILHOS?

**Aos olhos dos filhos, os olhos dos pais estão embaçados da saudade; aos olhos dos pais, os olhos dos filhos estão iludidos do futuro.**

AOS OLHOS DOS PAIS, o adolescente de hoje é alienado politicamente, não faz passeata, nem comício, nem briga por um partido; é instável, não sabe o que quer, começa uma faculdade, muda para outra, volta para a anterior; é incompetente, não pensa em sair de casa, gosta de ser filho-canguru; é indefinido amorosamente, fica, fica, mas não se estabelece; é de um péssimo gosto musical, adora o barulho do bate-estaca e, ainda por cima, fica dançando sozinho em festas que atravessam as madrugadas, em lugares inóspitos. Aos olhos dos pais, sua família não tem futuro, seus netos, se tiver, estão perdidos, sua vida fracassou.

Aos olhos dos filhos, não é nada disso, está ligado? Aos olhos dos filhos não tem sentido fazer política, se o que se chama de políticos é um bando de salafrários que roubam dinheiro de ambulância, que escondem dólares na cueca, que mantêm amásias com verbas públicas, que mudam de legenda pelo interesse do momento. Chamar a isso de política, de políticos? Contestá-los seria reconhecê-los, avisa o adolescente de hoje, a pais que não entendem. A política da globalização não pede reforma, pede reinvenção.

Aos olhos dos filhos, o atual mundo mix quer combinar saberes, mais que estudos estáveis monodisciplinares, por isso articulam seus cursos, como seus amigos e suas músicas. Eles não se preparam para uma profissão, mas para múltiplas atuações; avisam que isso não é instabilidade, mas flexibilidade criativa.

Aos olhos dos filhos eles não ficam na casa dos pais, mas na sua casa que é também a dos pais. Eles trazem suas namoradas e namorados para dormirem em casa, sem se sentirem intimidados; eles comem na hora que levantam ou que chegam, o microondas lhes deu independência do relógio familiar. Sim, são cangurus, se quisermos, mas mais por prazer do que por dependência.

Aos olhos dos filhos o maior valor do encontro não é o estabelecimento, por isso variam com quem ficam. Mas podem ficar muito tempo com um só também. Nos dois casos, é um novo tipo de amor de responsabilidade direta que se esboça; um amor sem intermediários, ou seja, sem nenhuma razão outra que a vontade de estar junto.

Aos olhos dos filhos os festivais da Record com suas bandeiras de luta, envelheceram. Os que criticam a *house*, a *techno*, a *trance*, aplaudem o violão jogado por Sérgio Ricardo? O romantismo de Taiguara? O barquinho que vai, foi. Filhos diriam que a música eletrônica está demonstrando a possibilidade de um novo tipo de laço social, em que os diferentes se articulam: monólogos articulados, para desespero dos iluministas.

Aos olhos dos filhos, os olhos dos pais estão embaçados da saudade; aos olhos dos pais, os olhos dos filhos estão iludidos do futuro. Nesse desencontro temporal há uma chance de presente.

# 9 QUANDO TODO MUNDO DESCONFIA DE SI MESMO

> Bichos são sempre iguais. Homens nem sempre são homens, não há um piloto automático de humanidade.

QUEM MATOU ISABELLA? Essa pergunta atravessou o país, na semana passada, em todas as casas, em todos os cantos. Quem pode matar uma menina linda de cinco anos, sorridente, gaiata, livre no corpo e no olhar que olha a câmera de frente? Quem?

Matar uma menina como Isabella é ferir a última das garantias de nossa vida social. Há pouco tempo ninguém roubava uma igreja, o ladrão teria medo da ira dos céus; também não se batia carteira de velhinho, nem bolsa de velhinha; seria ferir o código da malandragem; não se batia em mulher. Imagine! Isso passou, a sociedade foi ficando cada vez mais acuada, amedrontada, escondida em carros esfumaçados e blindados, fechada em prédios cheios de alarmes, como o de Isabella. Oh, "London, London", que triste canção. Tanta proteção para nada, ela morreu.

Quando um crime é cometido por uma razão aparente: fome, vingança, sobrevivência, de certa forma se compreende, embora não se aceite tampouco se dê razão. Crimes desse tipo são bem classificados. Neles, a diferença do criminoso com o homem comum e sua situação de vida são, em grande parte, patentes.

Agora, quando a situação de um crime reproduz o cotidiano, todo mundo passa a desconfiar de si mesmo.

Poderia ter acontecido com minha filha, ou, pior, será que eu poderia cometer uma atrocidade dessas, eu que não tenho nenhuma história pregressa que me leve a desconfiar de mim mesmo? Pode sim, um criminoso não é criminoso até que cometa um crime, caso contrário, vamos começar a inventar disposições genéticas perigosíssimas e construir berçários-cadeia. 'Vá buscar o bebê da cela três para mamar.'

No caso de Isabella, ainda tem o detalhe da madrasta. Quantas mulheres recém-divorciadas encheram-se de razão nesses dias para proibir o ex-marido de passar o fim de semana com o filho e a nova namorada?

Ninguém, fantasiosamente, gosta de madrasta nem de sogra. Ninguém gosta de intermediários de amor, de algo ou de alguém que lembre que entre o amante e a amada existe uma barreira. Pobres madrastas, pobres sogras. Elas levam a culpa de algo que está na essência do humano: a falta de garantia dos nossos laços afetivos.

A cena da família unida no supermercado de sábado, tranquila, carinhosa, de chinelão, fazendo do carrinho de compras uma Ferrari para as crianças, não poderia servir de melhor ilustração para um cartão-postal de felicidade. Qual o quê. Poucas horas depois, o trágico, o sem solução. Voltamos à cena, uma, duas, várias vezes; ela bateu o recorde de audiência dos sites. Tentamos detectar o espectro da desgraça rondando aquele passeio na escada rolante, buscamos avidamente algum sinal que nos proteja, que não faça com que fiquemos todos paranoicos em cada momento feliz.

Mal, oh mal, onde está você? Será que você está na ausência das declarações do pai? Ou será que se disfarça na beleza jovem da madrasta sem lágrimas; ou não, vai ver que você se intromete na marreta do pedreiro, aquele Pedro que faz casa para o outro bem morar, enquanto ele mora na marmita, sim, vai ver que foi ele.

Cada um faz uma hipótese, sempre baseada na sua visão de mundo e na maneira pela qual reagiria em uma situação dessas. Rapidamente os falastrões investigadores das razões alheias se dão conta de que as emoções humanas são bem mais complexas que o bom senso. Pode um pai não chorar no momento seguinte da morte de sua filha? Claro que pode, quem nunca teve um branco na vida, um impacto tão grande que o mundo vira paisagem branca? O não choro, por si só, não incrimina o pai, como, ao contrário, o choro de Suzane von Richthofen, no enterro de seus pais, não a inocentava, como não a inocentou.

Freud aconselhava a, se invocarmos os demônios, que ao menos conversemos com eles, antes de despachá-los de volta. Os demônios estão aí; como é de praxe, eles aparecem na morte de um anjo. Daqui a pouco vamos mandá-los de volta às suas profundezas, as quais gostamos de ignorar. O momento da verdade dura é agora, que melhor será se durar mais que um só momento. Vamos despachar os demônios assim que ficar confirmado, jurado e sacramentado o nome do assassino. Todos respirarão aliviados ao saber. Ufa! Não fui eu. Foi ele. Só podia ter sido ele, como eu não pude entender isso antes? E a festa voltará.

Não há garantia para o frágil laço social humano, dizia. Bichos são sempre iguais. Homens nem sempre são homens, não há um piloto automático de humanidade. Esse é o motivo de viver no princípio de responsabilidade que não ausenta ninguém da existência coletiva. Somos responsáveis por Isabella? Sim, é o que isso quer dizer. Uma responsabilidade jurídica condenará o criminoso, mas o princípio ético da responsabilidade humana, diferentemente da estritamente penal, obrigará todos nós a prosseguirmos com esta marca em nossas vidas. Seu nome? Isabella, uma 'isola bella', uma ilha bela.

## 10 CRIANÇAS, PERDOAI!

> Crianças, perdoai-os, eles não sabem o que dizem.

**É COM ESFORÇO QUE** os pequenos abandonam as palavras que tocam o coração por aquelas que só comunicam.

Crianças, perdoai-os, adultos não sabem o que fazem, nem o que dizem. Você entra em um avião desejando uma viagem tranquila, de sonho, ou de trabalho, de fones no ouvido para não ter que conversar; de assento na janela, para dormir; ou de corredor, para passear. Abre um bom livro, põe seus óculos escuros, e, pronto, está no paraíso, até se esquece por um segundo dos contratempos e desconfortos experimentados até ali. Tudo está bem. De repente, o alerta, o drama anunciado. Na contramão da entrada dos passageiros, lá está a mãe prestimosa. Ela carrega o filhinho no colo balançando-o em ritmo acelerado, como se quisesse fazer uma prévia da tormenta que teme ocorrer. Não bastando, explica à sua cria que nada vai lhe fazer mal, que o avião é seguro, que as titias aeromoças são umas gracinhas, tatati, tatatá. Claro que sabemos o que passará: a criança vai começar a chorar e em seguida, se a mãe continuar seus cuidados, sem dúvida vomitará, com sorte no saquinho, quando não, no passageiro ao lado. E coitado daquele que disser a essa mãe que o filho está cumprindo ordens, que com ela aprendeu como o avião é perigoso, sacolejante e dispéptico. Impossível, logo ela, mãe tão dedicada, que larga tudo só para cuidar, só para se dedicar aos outros? Crianças, perdoai-as, elas não sabem o que fazem.

 Outro caso. Muito cedo uma criança descobre que o tíquete de entrada no mundo é trocar a sua linguagem íntima e afetiva pela língua de todo mundo. Que não se diz "tostoso", mas "gostoso"; que não é "áua", mas "água"; que não se vai "dumi", mas "dormir". Com que esforço abandona o carinho daquelas palavras que tocam só o coração, por aquelas que só tocam a comunicação. Mas não tem jeito, há que se abandonar, mesmo que provisoriamente, esse linguajar que mais tarde vai reaparecer nos bilhetes dos amantes, nas ridículas cartas de amor, como insistiu Álvaro de Campos/Fernando Pessoa, para participar da vasta comunidade humana. Aí, nesse momento de esforço soberano, que o pequeno ser se vira como pode para mimetizar a linguagem dos adultos, surpresa! Aquele mesmo adulto, muda a sua forma de falar e acha que ficará mais perto da criança se falar como ele pensa que a criança fala. O que ele não sabe é que a criança não acha que ela fala assim, pois as pessoas se escutam de modo diferente, coisa que um adulto deveria conhecer, bastando lembrar como é difícil perder o sotaque ao falar uma língua estrangeira, por uma razão elementar: não se ouve a outra língua como um nativo. Imagine se um aluno de inglês tivesse um professor que copiasse seu sotaque; quanto tempo suportaria? Ora, por que então tentar imitar os esforços linguísticos de uma criança; para ficar mais perto? Ledo engano. Fazer isso só angústia o pequeno, da mesma forma que o adulto aluno de inglês. Crianças, perdoai-os, eles não sabem o que dizem.

## 11 O CASAMENTO CONTINUA, O FILHO ESPERA

**Paradoxalmente é aí, no conhecido, que fica evidenciado o ponto de estranheza que nos inquieta e move a vida.**

OS INDICADORES SOCIAIS 2007, do IBGE, agora anunciados, mostram que há no País quase 2 milhões de casais com duplo rendimento e nenhum filho. É um fenômeno dos países desenvolvidos: casais nos quais os dois cônjuges têm fontes de renda independentes, mas não têm filhos. O número é de 1,942 milhão. Esses casais têm rendimento per capita de até 3,5 salários mínimos (por isso, estão nos 10% mais ricos do Brasil) e, em quase 60% dos casos, têm até 34 anos. Em dez anos o número praticamente dobrou, pois era de 997 mil, ou seja, ocorreu um crescimento de 94,78%! Surpresa? Não, esperado.

Esses dados indicam uma mudança no comportamento já detectado por outros indicadores de menor convicção, para alguns, que os números ora estampados. Eles refletem ao menos três fatores: a melhoria da renda da população, também largamente comentada nessa semana, por outros índices; a persistência da importância do vínculo da vida a dois, legitimado ou não; e o retardo da idade de ter filho, se comparado com os hábitos de vinte, trinta anos atrás. Analisemos a vida a dois e o filho supostamente tardio. Pensava-se – o que se mostrou errado – que a pós-modernidade, a globalização, ou qualquer outro nome de que dispomos para chamarmos a nova era que começamos a viver, traria uma verdadeira esbórnia sexual, derivada do fato da despadronização dos princípios morais. Qual o quê. Os índices de promiscuidade sexual, em vez de aumentarem, baixaram, inclusive no Brasil. Provou-se que não é a disciplina, ou o controle externo, que está na base do comportamento amoroso.

Além disso, as pessoas preferem a vida a dois, mesmo quando poderiam ter uma vida múltipla, e isso não se dá hoje por nenhuma coerção de costumes civis ou religiosos. A vida em casal oferece ao homem e à mulher da globalização o confronto necessário e diário com o mesmo; não o mesmo da mesmice, do tudo igual, mas o mesmo de um lugar simultaneamente conhecido e estranho, que é a intimidade. No desbussolamento dessa época, uma nova orientação é dada por essa intimidade singular de cada um, que só uma vida conhecida oferece. Paradoxalmente é aí, no conhecido, que fica evidenciado o ponto de estranheza que nos inquieta e move a vida.

Quanto aos filhos, é bom notar que a maioria desses casais está na faixa de até 34 anos de idade. Seria precipitado pensar que não querem mais ter filhos. Seria pelos critérios de um tempo anterior que nomeava tecnicamente uma moça de mais de 30 anos de "primigesta idosa". Antes, era esperado que os filhos nascessem, ao menos o primeiro, antes dos trinta anos, especialmente, dela. Hoje é diferente. Como no avião, onde se aconselha, em casos de despressurização, que primeiro os adultos ponham suas máscaras, e só depois ajudem as crianças a colocarem as delas, também os casais de agora, primeiro tomam ar cuidando de suas vidas profissionais e de construírem suas casas, para depois terem um, dois, quando muito, três filhos. É claro que contam para isso, não só com as mudanças do tempo, como também com os avanços da medicina que pluralizaram as formas de concepção e de se manterem... os pais, jovens.

## 12 FILHOS INESPERADOS

> Melhor é saber que somos todos filhos inesperados, que somos todos filhos adotivos, que a filiação humana não se sustenta na simples prova de continuidade biológica.

FILHOS SÃO HABITUALMENTE ESPERADOS, desde muito antes do dia do parto. Essa esperança é notável em todos os detalhes prévios ao nascimento: a escolha do nome, a decoração do quarto, a cor do enxoval, o time pelo qual torcerá, a matrícula no colégio e até mesmo com quem vai se casar.

Quase tudo já está escrito no desejo dos pais, e melhor que assim seja, pois é exatamente esse desejo que veste o ser humano em sua precária condição biológica de sobrevivência: um bebê deixado à sua própria sorte morre em algumas horas.

O projeto dos pais é em alguma medida frustrado e correções de rumo, de parte a parte, escrevem a história de uma relação e fazem com que cada um possa ter uma história.

Agora, pensemos o que acontece quando algo inesperado se dá, algo que de tão forte rompe a possibilidade da correção de rumo. Pode ser uma morte, uma importante crise na família, uma doença grave do filho, daquelas que não são de época, como as doenças ditas da infância: caxumba, rubéola, catapora, mas que se instalam e que exigem uma nova bússola; aí temos a figura do filho inesperado, que escapa ao projeto, com o risco de ficar sem história. E, sabemos, não existe ser humano que sobreviva fora de uma história.

O filho inesperado desacomoda profundamente a louvada harmonia familiar. Pais tendem a recusar esse filho que lhes parece estranho e como moralmente se veem impedidos de expressar seu desalento, disfarçam-no, aos outros e a si mesmos, em uma conduta esforçada, dizendo assim: "O senhor não sabe o quanto minha vida mudou depois que ele nasceu. Não faço outra coisa a não ser levá-lo de médico em médico; carregá-lo daqui para lá, etc., etc.".

Declaração dúbia, pois se por um lado assevera o bem querer, representado pelo cuidado extremado, por outro, não dissimula a queixa de ter a vida mudada. Pelo lado do filho, a situação não é muito melhor: uma vez que nos vemos pelo olhar do outro, este acaba se recusando a si próprio, se achando um peso, chegando a ficar um desistente da vida.

De nada adianta tratar essa situação pelos bons conselhos de tolerância, compaixão e resignação. A maior parte das vezes essas medidas só evitam o problema, e a insatisfação, que não se expressa diretamente, coagida pela disciplina do politicamente correto, acaba se manifestando em outro lugar, no corpo ou no cotidiano das pessoas. A proposta da psicanálise vai ao avesso do disfarce: melhor é saber que somos todos filhos inesperados, que somos todos filhos adotivos, que a filiação humana não se sustenta na simples prova de continuidade biológica. Basta ver que uma das fantasias universais do homem é a de ter sido encontrado na lata de lixo.

Um filho inesperado serve como uma interpretação para seus pais: aquilo que não tem lugar no que era esperado pode ter lugar, pode existir no amor que suporta o reconhecimento das diferenças. Essencialmente, somos todos muito diferentes.

# 13 A PSICANALISTA, A MULHER, A INTERPRETAÇÃO: FRANÇOISE DOLTO

**Ao falar com o bebê, ela estava realmente falando a seus pais.**

O QUE VOU LHES CONTAR OCORREU NA MAISON VERTE, instituição parisiense de acolhimento de crianças de zero a três anos de idade, criada pela psicanalista Françoise Dolto. Quando na juventude de minha formação psicanalítica, tive a oportunidade de passar algumas tardes naquele local, acompanhando o trabalho de Dolto, já, então, ícone da psicanálise dita infantil.

Em uma tarde, um casal relativamente jovem chegou para a consulta com cara de desespero. Traziam um bebê nos braços, o qual aparentava uma fraqueza importante. Deveria ter uns três ou quatro meses de vida. Dolto, cheia de atenção vigilante e afetuosa, ficou sabendo dos pais que ao desespero diante da criança que não comia, razão por estar esquálida, somava-se a preocupação com o desemprego do pai, a sobrecarga da mãe, e as contas que não fechavam no mês.

Assisti, em seguida, Françoise Dolto se dirigir diretamente ao bebê, sem qualquer atenção ao fator compreensão, e lhe explicar, olhos nos olhos, que ela, Dolto, entendia muito bem que ele não quisesse comer, uma vez que sua chegada poderia ser pensada como em má hora, e que o melhor talvez fosse desaparecer. Contestou, no entanto, afirmando que ele estava enganado, pois sendo tão querido e esperado, sua morte precoce retiraria dos seus pais o único efetivo alento naquele momento difícil de vida. E assim se despediu dos três – filho, mãe e pai – marcando um retorno para a semana seguinte. Quando saíram, Dolto me disse: "Você vai ver só o que vai acontecer".

No segundo encontro, confirmando a previsão da analista, eram outras pessoas que estavam ali. O bebê estava comendo, e bem. Ao final do atendimento, a doutora me falou: "Você viu como os bebês falam? Você viu a prova?". Aí, para mim, foi demais. Com a delicadeza devida, contestei que não era que bebês falassem, mas que – como Lacan havia demonstrado no estádio do espelho... – ao falar com o bebê, ela estava realmente falando a seus pais que, por conseguinte, tinham mudado sua posição e possibilitado a alteração sintomática.

Dolto não me deixou avançar muito em minha peroração: "Sim, sim – me retorquiu – eu também conheço o 'seu Lacan' e bastante bem. Além de companheiros de toda uma vida, somos mesmo muito amigos. Agora, que ele o diga com o espelho, é interessante, quanto a mim, digo e mostro – como você viu – que os bebês compreendem e sabem falar".

Pano rápido.

## 14 O EXCITANTE AMOR AO DIFERENTE

**É na insatisfação da família que cada um lapida o que lhe falta.**

**A FILHA, AO MESMO TEMPO** que se despede da mãe que está indo para a missa, pedindo que lhe traga um doce quando voltar, fala ao telefone com o namorado, passando as coordenadas dos movimentos da mãe, para que o assalto planejado pelo bando desse namorado seja feito com a melhor precisão.

De uma só vez essa menina, de cara angelical e voz infantilizada, consegue romper dois dos principais tabus sociais: mãe e religião. Com mãe e Deus não se brinca, ditava a cartilha de qualquer meliante. Quando os "intocáveis" do laço social começam a desmoronar, com justa razão há um alerta geral, e essa pequena notícia veiculada nessa semana fica incomodando tal qual uma espinha, ao lado de tragédias bem mais retumbantes.

A menina é loira, estudante de direito, filha de professora universitária e de procurador de Justiça. O menino é moreno, office-boy, procurado pela Justiça. Silêncio: cuidado com pensamentos politicamente incorretos sobre essa união. Que ninguém venha falar que o menino é o Lobo Mau dessa doce Chapeuzinho. Nem a mãe nem o pai da menina nada devem ter dito, dada a convivência íntima por dois anos, em sua casa. Tem muito pai e mãe que não falam mais nada para seus filhos, hoje em dia, amordaçados pela patrulha do politicamente correto. Se disserem alguma coisa, estarão discriminando. Mas não haveria uma forma de se falar, sem ser condenado por sua opinião? Vejamos.

Quando pessoas convivem por muito tempo, de duas, uma: ou elas têm muita coisa a repartir – interesses, valores culturais e éticos –, ou elas, sendo muito diferentes, tentam anular a diferença que as afasta, hipertrofiando os prazeres básicos sexuais e anulando qualquer outro sistema de laço social que as distancie. Logo, o desastre não é decorrente do fato de um ser supostamente melhor que o outro, mas de que, quanto mais distantes forem, mais primária, no sentido de menos elaborada, será a relação, necessariamente. O duro, a se acrescentar, é que o amor entre os diferentes é muitas vezes mais excitante do que a "modorrice" dos semelhantes. Será que os pais poderiam explicar isso a seus filhos e, especialmente, a si próprios? E mais, nem sempre o que é explicado tem que ser entendido. Pais não devem temer o mal-entendido; não há um bom pai, ou boa mãe – seja o que for que entendamos por isso – que já não tenha ouvido "eu não gosto de você" de um filho. Logo, pais, não recuem quando não concordarem, quando não aceitarem.

Nessa sociedade que perdeu os parâmetros há que se tomar cuidado em se pensar que finalmente somos todos iguais. Não, ao contrário, o que fica evidente é que somos todos diferentes, o que exige muito mais responsabilidade em qualquer relação. Se não for assim, estão abertas as portas à esculhambação generalizada: ao estupro de menores, ao furto de velhinhas, ao roubo de mães.

Não houve quem não associasse esse incidente carioca com o assassinato de um casal em São Paulo, com a participação da filha igualmente estudante de direito. (Nada de conclusões precipitadas sobre as estudantes de direito...) Será que a família vai desaparecer, como pensam alguns? Será que a família é uma relação como outra qualquer? Contrariando o bom senso, que sempre pensa mal, a tendência da globalização é de sublinhar um novo valor da família, que não é desmentido pelo grande aumento dos divórcios, se entendermos a lógica. A família será o centro da responsabilidade ética – disse ética, e não moral – da sociedade. Família, grosso modo, é do que nos queixamos com mais veemência e paixão. É o grupo do qual mais se espera o reconhecimento que nunca chega e a compreensão impossível de sua dor. É na insatisfação da família que cada um lapida o que lhe falta, a saber, o seu desejo, pois não há desejo sem falta.

Luc Ferry, em livro recente, "Famílias, Amo Vocês – Política e Vida Privada na Era da Globalização", defende a ideia de que depois da era na qual os humanos se guiavam pela transcendência divina, substituída pela transcendência da razão no Iluminismo, alcança-se, na globalização, a "transcendência da imanência". Vale uma explicação: ao contrário do que se pode imaginar, os tempos atuais de forte individualismo não caminham para o isolacionismo, mas para a rede social. E é na rede social, no confronto com o parceiro, que cada pessoa tem a ocasião de perceber o que Freud chamou de "o estranho", "Das Unheimlich".

Quando nos encontramos com alguém, mais evidente fica que alguma coisa de mim falta ao encontro, exatamente essa coisa estranha, essa transcendência da imanência, essa falha na minha intimidade, esse "êxtimo", como o nomeou Lacan. Pois bem, depois do divino e da razão, é essa intimidade estranha que servirá de guia ético para o novo tempo. Sua estranheza exigirá de cada um duas coisas: invenção e responsabilidade. Inventar um sentido para o que não tem, para o estranho, e se responsabilizar pela sua publicação no mundo.

Se ontem as famílias estavam a serviço da República, mandando seus filhos para a guerra, por exemplo, hoje, a República deverá servir às famílias. É o remédio contra o que nos repugna: uma filha ficar de campana para a mãe ser assaltada.

## 15 DE QUEM O PAI GOSTA MAIS?

*O mais interessante do amor de um pai por um filho é que ele não é explicável, nem mensurável.*

**PAIS FICAM AFLITÍSSIMOS AO AFIRMAREM:** "Gosto dos meus filhos igualzinho", por serem imediatamente contestados. "É mentira!", brada o primeiro, "É mentira!", repete o segundo, o terceiro e quantos mais filhos houver.

"É mentira", fala também a voz da consciência na cabeça dos pais: eles sabem que é mentira, mas como confessá-la sem imediatamente não se verem tachados pelos filhos, e por si próprios, de injustos, interesseiros, parciais, e mais e mais?

Por suposto que é mentira e qual é o grande problema em afirmá-lo? A questão é que se condensa e se confunde, no termo "gostar", afinidade e amor. O impasse pode ser facilmente resolvido se os pais souberem que o amor pelos filhos é igual, mas as afinidades com um ou com outro, são obviamente diferentes, inclusive variando no tempo e na circunstância.

O amor de um pai – genericamente falando, pai ou mãe – por um filho, é um amor que faz com que ele possa morrer por um filho. Esse é um tema destacado pelo filósofo francês Luc Ferry, em seu último livro: "A revolução do amor". Quando se morre por alguém, evidentemente não há graduação; não se pode morrer mais por um filho e menos por outro. Ninguém morre pela metade e 'morrer', aqui, não é utilizado metaforicamente. Hoje em dia não morremos mais pelos três grandes ícones do mundo moderno, anterior ao nosso, pós-moderno, a saber: a pátria, a revolução, a religião; quando se trata do mundo ocidental, é claro. Essas atitudes não fazem mais nenhum sentido, embora já tenha feito e muito. Mas, morrer por um filho, sim; nenhum outro sentido lhe é hoje superior.

Agora, a afinidade já é outra coisa. A afinidade é uma parte do amor, aquela que diz respeito ao compartir os mesmos fins. Por exemplo: torcer por um time de futebol; gostar de um tipo de conversa e de leitura; preferir uma casa de praia, ou de montanha; escolher uma roupa, mais discreta ou mais espalhafatosa; compartilhar o gosto por cinema; adorar ficar em casa, ou sair muito; e por aí vai. A afinidade é múltipla, e como escrevi acima, varia com o tempo. Ninguém comparte todas as afinidades com a mesma pessoa, é quase impossível, até porque a própria pessoa muda seus gostos pelos mais variados motivos: pelo dia, humor, cansaço, enfim, pelo chamado "estado de espírito". A consequência é que pode parecer que hoje o pai prefira o filho mais velho e que amanhã o caçula se veja o escolhido. Diz alguém que o sortudo é o pai, pois esse – pai ou mãe – só existindo um, ao filho não é dado preferir uma mãe a uma outra mãe. Por certo ele preferirá algumas vezes a mãe, noutras o pai.

O mais interessante do amor de um pai por um filho é que ele não é explicável, logo, também por isso não cabe dizer que ele é maior por este ou aquele filho, uma vez que não sendo explicável não pode ser mensurável.

Este ponto de inexplicável, de não dito no amor de pais e filhos é uma âncora fundamental para a vida de um filho. Ele junta nessa âncora duas qualidades importantes: apoio e flexibilidade. Apoio, pois um filho conta com a certeza desse amor, ao enfrentar as incertezas da vida; flexibilidade, pois exatamente por não ter explicação, esse amor permite muita variação de escolhas pelo filho: ele não será menos amado se fizer isto ou aquilo, exatamente porque o amor está sempre além das afinidades. Aqui vale lembrar que ele está mais além inclusive das afinidades biológicas. Temos um fato recente que ilustra isso, dado pelo ex-presidente Fernando Henrique Cardoso. Ocorre que FHC reconheceu um filho gerado fora de seu casamento, há um bom tempo. Razões que ultrapassam o nosso âmbito o levaram a fazer um teste de DNA, de prova de paternidade. Esse teste deu negativo, negando-lhe a paternidade biológica. Incontinenti, o ex-presidente disse que sua paternidade não dependia do componente de DNA e que em nada aquele teste mudaria sua relação com o seu filho.

As afinidades são muitas, diversas, móveis; o amor de um pai é um só.

## 16 ÓRFÃOS DO EXPLICÁVEL

E agora que a festa do "tudo é explicável" acabou?

**ESCREVO O QUE NINGUÉM QUER LER NEM OUVIR FALAR:** não existe nenhuma fórmula, nenhum procedimento ou protocolo que tenha capacidade de prever uma atrocidade como a de um menino de 10 anos roubar o revólver do pai; esconder a arma, quando perguntado pelo próprio pai; atirar na sua professora; e em seguida se matar.

É esperado que sejamos nestes próximos dias bombardeados com detalhes da vida desse menino: suas leituras, amizades, humores, ascendência familiar, credos, hábitos, notas escolares, desenhos, bilhetes eletrônicos, tiques, sexualidade, estranhezas. Tudo é bom, tudo serve, para a tentativa desesperada de estabelecer um nexo causal. Somos filhos do Iluminismo. Aprendemos desde pequenos que tudo tem uma razão de ser e, se não compreendemos, a falha não está no saber – pois o saber é sem falha –, mas no raciocínio imperfeito.

A sociedade ainda não suporta constatar que a pós-modernidade nos fez órfãos do Iluminismo porque isso é desesperador. E agora que a festa do "tudo é explicável" acabou? Como suportar não saber se aquele garoto um pouco arredio não é o próximo assassino de si mesmo ou de alguém? Se insistirmos em causalidades forçadas, vamos criar uma sociedade irrespirável. Afinal, qual de nós não tem a sua esquisitice? Já se fala que a professora teria notado um comportamento diferente no menino e não lhe teriam dado atenção. Já se fala que o pai deveria ter prevenido a direção da escola sobre o desaparecimento da arma. Como é fácil ser profeta do passado! Duro é constatar que estamos em uma época na qual esses crimes inusitados são um dos tipos de manifestação.

Há poucos dias, a presidente, em nosso nome, disse na abertura da Assembleia-Geral da ONU: "O desafio colocado pela crise é substituir teorias defasadas, de um mundo velho, por novas formulações para um mundo novo". Está correto e é válido para além da crise econômica: vivemos nos amparando nas teorias defasadas de um mundo velho, sim. Quem duvida que uma das interpretações que mais vai se fazer é a de que o menino se identificou com o pai policial? Ou que, ao contrário, para provocar o pai, teve um comportamento de bandido? Ou, pior, que por ódio ao pai se matou com seu instrumento?

Estamos desbussolados. Os sintomas de nossa inaptidão para viver neste novo mundo estão sendo tragicamente anunciados. Ontem, foi o moço da Noruega; hoje, o garoto brasileiro.

Tão distantes e tão perto. Quando tudo parecia tão bem, tão perfeito: bom filho, boas notas, ia à igreja e até tocava bateria... ocorre o acidente, o fato inusitado, que nos deixa pasmados, ignorantes de nossa condição humana.

Urge, assembleia-geral de uma nova época, urge que abandonemos nosso conforto iluminista do tudo tem sua razão: essa luz ficou fraca, está nos deixando na sombra e liberando monstruosidades. A psicanálise tem novas contribuições para o momento atual. Não se trata mais do Freud explica, mas do Freud implica. O Freud explica é do tempo da revelação do saber escondido, fora da consciência, no inconsciente. O Freud implica é de agora, da constatação de que, de uma sociedade da razão, fomos a um novo tipo de laço social: o ressoar, "tá ligado?". Essa é a pergunta dessa geração que está aí, a geração mutante. Seus membros não perguntam se o que ele disse você entendeu, mas se lhe tocou, se você pode fazer alguma coisa com o que ele falou, não a mesma coisa feita por ele, mas algo marcado, atravessado por sua singularidade, necessariamente diferente da dele, daí o "tá ligado?".

O que se teme é que então estaríamos caminhando para uma esbórnia geral de comportamentos individualistas. Falsa conclusão de nossas mentes viciadas na segurança da razão padronizada. A sociedade do ressoar exige um duplo movimento de cada um: invenção e responsabilidade. Invenção, pois quando falta o caminho pré-estabelecido há que se inventar um. E responsabilidade, pois se deve inscrever no mundo a sua invenção, motivo pelo qual o medo do individualismo não se sustenta.

Para isso, uma guinada de 180 graus nos é exigida. A educação, sem dúvida, é um dos principais setores dessa mudança que já tarda. Em vez de medicalizar o aluno supostamente inadequado à escola, como tem sido feito nos últimos anos, amparados abusivamente no diagnóstico de transtorno do déficit de atenção com hiperatividade (TDAH), melhor questionar a escola; não essa ou aquela, mas a instituição escolar, se ela está preparada para uma sociedade viral, das redes horizontais, da criatividade responsável. Na medida em que pudermos habitar esse novo mundo com uma nova bússola, na medida em que ampliarmos a legitimação das singularidades, seremos menos surpreendidos. Estamos atrasados.

## 17 MADRASTA × MÃE

O estatuto da madrasta mostra que nem aí, na filiação, temos uma origem garantida que nos livre da impressão de falsidade – Quem sou eu?

Maeli Prado, repórter da **Revista da Folha – Folha de S.Paulo** entrevista Jorge Forbes.

**Por que a relação entre madrastas e ex-mulheres é tão complicada? É natural o ressentimento da madrasta em relação a um filho de um casamento anterior?**
São "sócias" em tempos diferentes, que, quando não bem posicionadas, entram em disputa para saber qual a melhor frente ao mesmo objeto. Para uma madrasta que faz do seu marido a sua segurança psíquica e econômica, é muito frequente o ressentimento dessa mulher em relação a um filho de um casamento anterior. Um homem pode dormir com várias mulheres, mas não pode engravidar várias mulheres. São escolhas distintas

e muitas madrastas sofrem por isso, mesmo se elas também conseguiram ter filhos daquele homem.

**Por que a madrasta é vista de forma tão negativa pela sociedade?**
A sociedade humana não é uma sociedade natural, no sentido que os vínculos seriam garantidos pela biologia, como nos animais. Tenta-se então estabelecer alguns parâmetros de certeza, sendo que o mais frequente é a mãe; mãe seria só uma e intocável. O estatuto da madrasta mostra que nem aí, na filiação, temos uma origem garantida que nos livre da impressão de falsidade – Quem sou eu? – tão angustiante.

**Por que as ex-mulheres acabam usando a criança como uma forma de se vingar do ex-marido, impedindo as visitas, por exemplo?**
Isso é clássico, lembremos do mais famoso e consagrado exemplo do teatro, a Medeia. Ela mata seus filhos, que teve com Jasão, ao se ver abandonada por ele. Guardadas as devidas proporções, há um quê de Medeia em uma parte das mulheres; são pessoas que entendem que o verdadeiro genitor é ela, a mulher, a mãe, enquanto o homem é um genérico de ocasião; e que o filho que ela pôs, ela pode dispor, como bem lhe aprouver.

**Qual o papel do pai nessas relações?**
Um pai jamais, jamais pode se demitir de seu lugar paterno. Parece tautológico, eu explico: não é porque um pai se casou de novo com outra mulher, que ele pode abandonar seus filhos da relação anterior, ou privilegiar, por interesse de seduzir a nova companheira, os filhos da nova mulher, só os dela, ou mesmo os que forem com ele, se houver.

## 18 OS PAIS ESTÃO DURANDO MUITO

**O amor dos pais é o amor que suporta a diferença ou a igualdade dos filhos, amando-os bem além dos bons ou dos maus motivos.**

**DE NOVO O NATAL E AS MESMAS DISCUSSÕES:** onde passar a noite do 24? E o almoço do 25? Por vezes, essas dúvidas acabam em brigas familiares e chegam a equivaler em importância com as decisões sobre a educação dos filhos.

Em uma certa família, o argumento do velho pai era sempre vencedor quanto ao convencimento dos filhos e seus pares a virem passar a noite do dia 24 em sua casa. Ele usava a desculpa do "meu último Natal". – "Esse ano – dizia ele – vocês venham aqui para minha casa, com todos os seus, pois, tenho certeza, esse será meu último Natal".

Seu filho mais velho chegou a reclamar duramente com o pai, acusando-o de enganar a todos, uma vez que nunca cumpria a promessa feita daquele ser o último, fazendo invariavelmente de sua casa o centro da noite festiva.

Pois é, estamos na época em que pais duram muito, muito mais que antigamente. E isso pode ser um problema o ano inteiro, não só em dezembro. Até há bem pouco tempo, trinta ou quarenta anos, na organização familiar, os processos de identidade eram linear e progressivamente estruturados. As pessoas chegavam ao auge da maturidade e do sucesso na década de seus cinquenta anos, envelheciam aos sessenta, e morriam aos setenta. Seus filhos vinham caminhando em fila indiana logo atrás, cumprindo os rituais das heranças que vão bem além do aspecto econômico. Eles iam herdando o poder; a casa, os objetos, a mobília, o carro; a fama; a respeitabilidade, enfim, iam se legitimando como proprietários titulares do sobrenome, relegando os pais à memória.

E hoje? Bem, hoje, como dito, os pais duram muito. Pais e filhos discutem com o mesmo entusiasmo seus novos projetos. Temos adolescentes aos quinze, vinte anos, e temos também o adolescente cinquentão. O que era progressivo e linear se transformou em concomitante, gerando novos tipos de conflito entre as gerações.

Um aspecto pode ser posto em destaque como símbolo dessa mudança: o declínio do pai provedor. No imaginário popular, pai e mãe é aquele que provê. Provê atenção, ensinamentos, segurança, saúde, e, claro provê dinheiro. Pai é quem paga a conta e por isso comanda, assim se pensa. Surge, então, uma nova ansiedade: como ser pai sem ser o provedor? No que se sustenta a característica de pai e mãe quando o papel de provedor fica sem sentido dado o status conquistado pelos filhos?

Podemos achar a resposta na sabedoria popular quando afirma: "Um pai faz dez filhos, dez filhos não fazem um pai". A ser isso verdade, é na esfera do amor que se resolve a equação da paternidade. O amor dos pais é o amor que suporta a diferença ou a igualdade dos filhos, amando-os bem além dos bons ou dos maus motivos. Qualquer semelhança com o que se comemora no Natal não é pura coincidência.

## 19 PARA QUE CASAR?

**Amor começa na palavra, mas só ganha sentido no corpo.**

**PARA QUE CASAR? COISA MAIS ANTIGA!** Nós não precisamos disso, estamos juntos, nos amamos e basta. Não vamos ficar dando bola para a torcida, gastando dinheiro em recepção, pagando mico na frente dos amigos. Isso é coisa velha, já era. Casar não faz a menor diferença.

Certo? Errado.

Fato é que não é a mesma coisa viver junto, mesmo por muito tempo, e proclamar esse amor em público, em data e hora determinada. É pagar um mico? Claro que é, um mico inevitável, entendamos porquê.

Todo amor tem algo de ridículo, como rimou Álvaro de Campos (Fernando Pessoa): "todas as cartas de amor são ridículas. Não seriam cartas de amor se não fossem [...]". O ridículo do amor está no aspecto de que nunca conseguimos dar uma boa razão por amarmos alguém. Nem mesmo para a própria pessoa amada, daí a ironia que fazemos com qualquer tentativa de discutir a relação, até o ponto de termos criado a sigla que provoca sorrisos: 'dr'. Relação não se discute, se vive, se curte, ou se separa. Cobranças, ataques de mentiras e verdades, intrigas, espionagens, nada disso presta para o amor, uma vez que sua essência é de outra ordem que aquelas captadas por esses meios. Amor começa na palavra, mas só ganha sentido no corpo. E nele, a palavra vira murmúrio, daí ridícula, por ser estranha às convenções bem postas.

O amor e suas palavras, por serem tão estranhos, inclusive aos amantes, provocam, com frequência, o desejo de ter um lugar no mundo, em uma carta, em um casamento, em um ato no qual se assuma o estar bobo por alguém. Quem não sabe que os maiores fofoqueiros de casos escondidos são os próprios cúmplices? Por isso: pela vontade de publicar sua escolha. Eu contei só para meu melhor amigo; Eu contei só para minha maior amiga. Eles se confessam.

Pode, a cerimônia, ter ou não padre ou juiz de paz, o que não pode faltar é o convite, o momento, e os amigos avisados do que vai acontecer. Como o amor não se explica, o que os amantes fazem é testemunharem – não explicarem – o que sentem. Testemunhar, dizia Jacques Lacan, vem de *testis*, que está na origem de "testículo". O aval do testemunho não é a razão, é um pedaço selecionado do corpo. E que pedaço! Casar consolida, afirma, inscreve a bobagem de cada um no mundo, propiciando novas e múltiplas expressões de um relacionamento, entre elas, a de maior relevância, os filhos.

O amor pede esse sacrifício para se consagrar, para ser sagrado, pois é laço de outro mundo, além da palavra.

O poeta tem bem razão quando diz que todas as cartas de amor – como os casamentos – são ridículas. Mas conclui ele: "Só as criaturas que nunca escreveram cartas de amor é que são ridículas".

Pá!

## 20 FOFOCA COMO LAÇO SOCIAL

*O fofocado nunca deve assumir o lugar de condenado.*

**ORA, ORA. DUAS PSICÓLOGAS** da Universidade de Staffordshire, na Inglaterra, gastaram um bom dinheiro para mais uma dessas pesquisas que pululam por aí, para satisfazer a febre empírica de tudo provar com números, característica de nossa época, e que disputam o prêmio "Ig Nobel". Chegaram a duas conclusões apresentadas no último 7 de setembro, em congresso realizado na Universidade de Winchester: que fofocar elogiando faz bem para o fofocador, e que homens fofocam 76 minutos por dia, enquanto mulheres fofocam menos, só 52 minutos, contrariando a voz popular. Essa notícia obteve repercussão na internet, enquanto, nas plagas brasileiras, uma revista semanal abriu espaço nobre para reproduzir a nota, sem qualquer crítica.

Dado o interesse, examinemos a fofoca. Para começar, fofoca se antepõe, classicamente, à informação dita séria. Fofocar é falar sem prova, normalmente baseado no que uma pessoa sente ou, melhor, naquilo que quer fazer o outro sentir. A característica negativa da fofoca é muito mais comum que a positiva, por uma razão simples: é exatamente a negatividade que justifica a não publicação oficial do fato, pelas mais variadas razões morais, deixando e incitando que ele – o fato – se espraie pela rede do "diz-que-diz". Em um mundo em que canais oficiais se distinguiam claramente dos informais, era fácil separar a fofoca da informação. Não é o que ocorre em nossos dias de uma sociedade horizontalizada, na qual os meios de comunicação estão à disposição de todos, de forma fácil, barata e eficiente. Todo mundo pode comentar tudo, estamos no mundo da fofoca generalizada.

No mundo anterior, vertical e padronizado, a informação séria acalmava os espíritos que nela encontravam a boa referência para se orientar. No universo atual da epidemia da fofoca, as pessoas se achando perdidas, buscam uma palavra que lhes seja mais asseguradora, daí seguirem piedosamente os que falam em nome de Deus, ou em nome da ciência, o que explica a explosão de neo-religiões em cada esquina, ou em cada madrugada televisiva, e o crescimento exponencial dos livros de autoajuda supostamente calcados em ciências da mal dita "qualidade de vida".

Fofoca-se sobre tudo e sobre todos, respeitando a uma só regra essencial: "Jamais fofoque em frente ao fofocado". Frente à invasão da fofoca em todas as vidas, como se defender? Podemos depreender de Jacques Lacan uma lição simples: nunca dê consistência ao Outro. O que quer dizer isso? Elementar: a fofoca, exatamente por sua característica de incerteza, pede para ser comprovada e não há melhor comprovação que aquela oriunda do fofocado, por meio de ações do gênero: desmentido, irritação, agressão, disfarce. O fofocado nunca deve assumir o lugar de condenado que lhe é proposto, assim fazendo, a fofoca voltará como descrédito a quem a inventou. Vejam exemplos em pessoas muito conhecidas como Chico Buarque e Pelé; quando é que eles responderam a alguma fofoca sobre novas namoradas, ou filhos não declarados? Já, Caetano Veloso tem tropeçado volta e meia no rabo da fofoca, se desgastando em explicações pela imprensa de supostos fatos que não resistem ao primeiro acorde de uma de suas canções.

A fofoca vive bem nesse nosso novo mundo que funciona mais pelo ressoar que pelo raciocinar. Quando dois jovens hoje conversam entre si, eles não perguntam um ao outro, como seus pais faziam, se está claro o que foi dito, se deu para compreender. Não, o que eles perguntam está resumido na expressão tão repetida a ponto de virar caricatura, que é a "tá ligado?". Perguntar se "tá ligado" é querer saber se o que foi dito ressoou no interlocutor, se encontrou eco, e não se foi bem compreendido. Cabe a cada um saber o que fazer com o que foi dito e, a cada um, completar o sentido do "tá ligado"? Assim, esse terreno se revela rico para a fofoca que transita por aí como a energia transita em um fio. E tudo vai bem, salvo se alguém resolve acreditar que a fofoca é sobre ele mesmo; aí o circuito para, por ter encontrado uma pessoa fora do laço social da globalização: um desligado.

## 21 O SONHO ACABOU, VIVA O SONHO!

**Hoje não é possível ser rebelde. Rebelde a quê?**

NÃO SE FAZEM MAIS REBELDES COMO ANTIGAMENTE. Acabaram os James Deans, os Jimi Hendrix, os Jacarés; as passeatas, as pichações dos muros, as palavras de ordem, as cartilhas do desalienado, os códigos secretos de nome e lugar. Não se sobe mais a Rua Augusta a 120 por hora, mesmo porque seria lento. E por que esse mundo não existe mais é que deixa tanta saudade; uma saudade orgulhosa de quem participou da famosa geração 1968.

Ontem, era possível ser rebelde. Vivia-se uma época padronizada do 'deve ser'. Para tudo havia um manual, uma bula que definia o bom procedimento. Como ter filho, como educar, como casar – com quem, com quantos anos –, como escolher uma profissão – desde que fosse médico, advogado ou engenheiro – como se aposentar, como morrer. Na família imperava o pai; no trabalho, o chefe; na sociedade, a pátria. A essa forma de organização do laço social, em torno a símbolos maiores e aglutinadores, dá-se o nome de organização vertical. A identidade se estruturava verticalmente. Nesse contexto, o caminho da rebeldia estava traçado: contestar os padrões estabelecidos. Daí surgia a sensação de liberdade com o seu riso tenso, sim, tenso, porque se sabia que o que referendava essa liberdade era a morte e ela muitas vezes ocorria. Ameaçava-se com a morte, de variados tipos, dos simbólicos ao real, a quem não obedecesse aos padrões; então, por dedução, morrer era o atestado maior por não ter obedecido aos temidos padrões. A morte era o troféu do rebelde, onde, finalmente, transformava-se em herói. Seu caixão era levado em procissão pela turma. Seus feitos transformados em memória gloriosa e, paradoxalmente, em novos padrões para falsos rebeldes, amantes da contestação pasteurizada, sem risco, que passavam a se vestir como, andar como, dirigir como, falar como o seu herói.

 Hoje não é possível ser rebelde. Rebelde a quê? Não há mais um consenso coletivo contra o que lutar, não há grandes grupos fechados em uma bandeira comum, mas pequenas, porosas e flexíveis tribos. Não se pede coerência, acabou o "O que é isso companheiro?", o tempo é da mistura, do 'mundo mix'. Se antes a responsabilidade era coletiva frente a uma escolha comum, agora ela é subjetiva, cada um é responsável por suas diferentes escolhas. O lugar da morte também não é mais o mesmo. De ponto final que consagrava uma carreira, ela passa a ponto de partida. Logo, está afastada a morte real, só valem seus representantes alusivos. Os mais conhecidos são os esportes radicais, do tipo:

na terra, escalar; no ar, parapente; no mar, *kitesurf*. O sucesso desses esportes vem da necessidade não de ir além do limite, como fazia o rebelde, mas, ao contrário, de estabelecer um limite, de saber onde está a morte e de como lidar com ela. Esse verdadeiro exercício cria pontos de ancoragem, raízes, por isso, radicais. É enganoso pensar que a mocidade de hoje é inferior à de ontem. Que hoje, por não haver grandes mobilizações nas ruas, ou inflamados discursos em palanques improvisados, estariam todos perigosamente desinteressados. Esse julgamento vem de velhos conceitos. O mais interessante é descobrirmos as novas formas de organização do amor, ou seja, no acadêmico, do laço social, do "estar ligado".

Os laços sociais passaram de verticais a horizontais. Porque não há mais padrões universais, falamos em sociedade de rede. E também, pela mesma razão, vivemos um renascimento cultural. A cultura se renova quando há necessidade de se reinventar o mundo; é o nosso caso. Que tal em vez de acharmos que os jovens estão perdidos por não se juntarem contra os governos corruptos – para dar um exemplo do que antes mobilizaria muitos – vermos que eles estão apontando para outros lugares e formas de governo; não nas capitais inventadas para isso, nem nas mãos de fantoches decadentes e obscenos. Não se muda mais a vida com grandes exemplos, ou grandes prisões, mas com detalhes; motivo de falarmos em epidemia. Para o bem e para o mal, as epidemias são transformadoras, em sua capacidade de tocar a cada um de um jeito. Se os jovens não dialogam mais, eles monologam; eles inventaram a capacidade de articular os monólogos – "monólogos articulados" – a causar arrepios nos iluministas. Um claro exemplo é a música eletrônica, não tem palavras, não tem um só sentido, mas faz muita gente estar ligada. O sonho acabou, viva o novo sonho!

## 22 SEM COMPAIXÃO

**Compaixão é vício ou virtude?**

COMPAIXÃO É VÍCIO OU VIRTUDE? Essa pergunta parece uma provocação. Quem ousaria dizer que é um vício, quando a boa moral a tem entre as mais enaltecidas virtudes? E, no entanto, esse debate não é novo: Rousseau defende a compaixão ardentemente, Nietzsche a declara vício que atrasa a humanidade: "O sofrimento torna-se contagioso através da compaixão".

Não entremos no debate filosófico, vamos às ruas, de onde esse debate surge, e façamos uma experiência afetiva. Ao sermos apresentados a uma pessoa, conversemos com ela por uns 15 minutos e, ao nos despedir, digamos da simpatia que nos provocou conhecê-la depois, façamos o mesmo com outra pessoa, semelhantemente à primeira, só que no momento da despedida, no lugar de confessarmos nossa simpatia, digamos que ela nos causou forte compaixão. Em qual dos casos a pessoa reagirá melhor? É evidente que será no primeiro, o da simpatia. Dizer para alguém que lhe temos muita compaixão é quase ofensivo. "Simpatia" vem do grego; "compaixão", do latim. Será que no momento da latinização do primeiro termo, ele foi filtrado pela ideologia judaico-cristã, passando a palavra "compaixão" a carregar o aspecto de piedade que "simpatia" não tem? É uma hipótese bem razoável. Na simpatia, uma pessoa se confraterniza diretamente com a outra; na compaixão, ela se confraterniza em um lugar terceiro, por intermédio de um elemento em comum, seja a natureza humana, seja a filiação religiosa, como os irmãos em Cristo ou em Abraão. Na simpatia, sente-se com o outro, não exatamente a mesma coisa; enquanto na compaixão, não se sente, mas entende-se o sentimento do outro, normalmente um sofrimento, porque isso também poderia lhe ocorrer. E, se ocorreu com o outro, e não com o compadecido, é porque o outro foi "escolhido", daí a piedade.

Esse aspecto se evidencia quando uma pessoa adoece gravemente em uma família. O doente fica mal, porém acariciado; os outros da família ficam bem (embora discretamente envergonhados). Médicos e demais profissionais de saúde tendem ao mesmo tipo de comportamento piedoso. É conhecido o caricato exemplo de uma enfermagem que se acha carinhosa por chamar o paciente idoso de "vozinho", falado em tom melancólico-doce, com o máximo de diminutivos possíveis: "O vozinho quer agora tomar a sopinha bem quentinha?" Algo melhor a propor? Sim, solidariedade. Solidariedade no sentido de articulação das solidões. Podemos estar com alguém para dividir um prazer, um interesse, ou porque esse alguém nos toca, sem maior explicação; é o sentimento básico da amizade, da simpatia, fundamental para os tempos em que vivemos, de individualidades desgarradas. Não é necessário ter pena – sempre discricionária – de alguém para se estar junto. Menos compaixão, mais simpatia solidária, faz a vida melhorar a pena.

## 23 FILHOS, COMO SABÊ-LOS?

> Se tirarmos a responsabilidade de cada um frente às suas emoções está aberto o caminho para o infortúnio geral.

"FILHOS... FILHOS? MELHOR NÃO TÊ-LOS! Mas se não os temos, como sabê-los?", dizia o poetinha, em seu Poema Enjoadinho. Não há relação humana mais fundamental que de filhos com pais e vice-versa. Fundamental e ambivalente: um filho ao mesmo tempo em que representa a continuidade, a prolongação da mãe, ou do pai, é também a sua diferença e o seu limite. É, paradoxalmente, a extrema proximidade e semelhança quem ao mesmo tempo melhor revela a diferença entre as pessoas, o que, para muitos, é insuportável.

Não raro se escuta de um pai: "Onde está esse menino, ah, eu mato quando eu encontrá-lo, isso não se faz...". E de um filho: "Pô, meu, não aguento mais essa velha, vive cansada, perdida, se esquecendo de morrer". São comentários do dia a dia que não chocam a ninguém, uma vez que todos se identificam com o desespero de uma pessoa ao notar que mesmo na relação humana mais próxima há sempre uma distância intransponível.

A educação é a forma mais clássica de diminuir a distância entre pais e filhos, daí a expressão: "Se comporta de uma maneira que nem parece ser meu filho"; o que, pelo contrário, equivale a dizer que comportar-se como os pais, ou melhor que eles, nos critérios familiares, faz o filho ser mais reconhecido como próprio. E sabemos que nem sempre a disciplina educativa é dócil: castigos de gama variável são comuns – de ambas as partes, há que se dizer – dentro de um limite que não está fixado em lugar nenhum, mas é compartido em um sentimento comum de pertinência, que poderia ser aproximadamente traduzido em uma máxima: jamais a vertente agressiva pode suplantar a vertente amorosa, quando isso ocorre surge a repugnância.

Recentemente a imprensa perguntou e até mesmo criticou, chamando de "circo", a reação popular de euforia expressa em gritos de vitória acompanhados de rojões, assim que foi promulgada a sentença que considerou culpado o casal Nardoni, pela morte da menina Isabella. No entanto, é bem compreensível essa manifestação. Ocorre que a sociedade humana é a única que não sobrevive pelos instintos naturais, como ocorre em todas as outras classes de animais. É vital à nossa espécie o pacto social; este, quando rompido, põe em risco a própria espécie.

Chamamos de crime hediondo esse tipo de comportamento que nos repugna, como já dito, por agredir a todos. O pacto social é um pacto surdo que responde mais ao sentimento que à razão e, entre todos os crimes hediondos, o pior é o assassinato de um filho por um dos pais, ou o seu contrário. Se esse ponto do pacto não for respeitado, nada mais o será, daí os fogos e o júbilo exaltado. Devemos criticar quem festeja a vitória da humanidade sobre a psicopatia, o narcisismo ensandecido, o egoísmo bárbaro?

E por que pais podem chegar a matar filhos e filhos, a matar pais? Há mais de uma razão, comento as mais frequentes. O princípio geral é o que já foi referido, a saber, que não há vínculo mais forte que o parental-filial, o que faz com que aqueles que são os melhores alvos de carinho, são também os alvos preferidos das agressões. Falemos de três desses motivos. Primeiro, os estados ditos crepusculares: é como se o cérebro entrasse em curto-circuito levando a pessoa a cometer uma atrocidade de uma forma impulsiva, podendo mesmo ter dificuldade de lembrança, logo em seguida. Segundo, os casos de perversão, quando o outro, o filho ou o pai, é visto como puro objeto de manipulação interesseira, não valendo sua vida mais que os vinténs de satisfação que sua morte pode trazer ao assassino, como, por exemplo, provar o seu suposto amor para uma parceira que pede o sacrifício de um filho como prova de sentimento por ela. Terceiro, alguns casos de psicose, aonde há falha grave nos processos de individuação, fazendo com que a presença de um filho possa causar uma crise de identidade em um dos pais, do gênero que se expressa na fórmula: se ele sou eu, então quem sou eu, eu não existo? Se ele sou eu, ele tem de deixar de existir para que eu exista.

O fato de podermos mal falando "entender" esses quadros patológicos, não quer dizer de nenhuma maneira que por isso os justifiquemos: compreender, no caso, não é justificar. Se tirarmos a responsabilidade de cada um frente às suas emoções está aberto o caminho para o infortúnio geral.

Filhos, Vinícius, talvez melhor seria não tê-los, como você pensou, mas ficar sem sabê-lo tira toda a graça, desgraça.

## 24 REFERÊNCIA DE PESO

> A amizade será o afeto mais importante desta nova era, a era da globalização.

Gustavo Klein entrevista Jorge Forbes para a Revista **A Tribuna**

DONO DE POSIÇÕES POLÊMICAS e referência em análise lacaniana no Brasil, o psiquiatra Jorge Forbes, nascido em Santos, tem dedicado sua trajetória profissional tanto ao estudo de fenômenos de comportamento ligados aos jovens (como as festas *rave* e os esportes radicais) quanto à analise dos efeitos que a globalização impõe no mundo moderno. Na entrevista a seguir, Forbes fala de todos esses assuntos e analisa, inclusive, casos como o de Suzane von Richtoffen.

**Um de seus principais estudos tem o jovem como protagonista. A que aspectos ele se refere?**
Há mais de 10 anos eu pesquiso os efeitos que a globalização traz na identidade, no laço social, no amor, no trabalho, na família, etc. Em uma dessas pesquisas, fiz uma análise do jovem atual, das festas de música eletrônica conhecidas como *raves* e dos esportes radicais. Não acho que eles sejam fenômenos passageiros ou moda e me espanta muito que grandes especialistas, daqueles que adoram discutir a tal juventude em crise, nunca tenham ouvido falar nelas ou tentado estudá-las. Algumas festas *rave* agregam 2 milhões de pessoas, o que me fez pensar o que pode unir tanta gente em torno de uma música sem palavras e, por isso, sem bandeiras, que se diferencia pelo número de batidas.

**A que conclusão chegou?**
Que essa música efetivamente agrega, é fator de união entre os jovens. Também percebi que eles não a ouvem como as gerações anteriores curtiam música, sentados em uma sala, tomando um drinque e ouvindo Nat King Cole. Eles próprios não suportam ouvir essa música nessas condições. Ela é feita para dançar, para a balada. Estas pessoas estão todas juntas, curtindo essa música, mas estão sozinhas. Eles descobriram isso: o estar junto sozinho. É uma espécie de monólogo articulado. A sociedade, então, vai ter que criar espaços para que as pessoas estejam juntas, mas não necessariamente fazendo a mesma coisa ou se compreendendo mutuamente.

**Os esportes radicais também são alvo de seus estudos. Qual é a explicação para que seus praticantes tenham o desejo de chegar ao limite?**
Pois é, o esporte hoje também não é o mesmo da minha época. No meu tempo era bola, frescobol, tênis, basquete, vôlei. Agora

é asa delta, *skate, paraglider, kitesurf*, canoagem, *rafting*. Todos eles propõem situações-limite. Cheguei à conclusão de que a sociedade de hoje não elabora a morte. Antigamente, estávamos incluídos em uma sociedade que pensava a morte, na quaresma, por exemplo. Essas coisas não existem mais nas cidades grandes, a igreja não ocupa mais o espaço de antes e a sociedade não tem outros modos de fazer a pessoa se deparar com a morte, a não ser de forma suprimida de emoção. Essa moçada está buscando formas de trabalhar esses temas, de conversar com o limite. Descobrem esse limite e, com isso, se acalmam, se localizam.

**Essa falta de relação emocional com a morte é o que produz criminosos como Suzane von Richtoffen, que aparentemente não expressam emoções após terem cometido crimes bárbaros?**
Não adianta tentar achar uma categoria psiquiátrica para a Suzane, dizer que ela é psicótica, histérica ou perversa. Esse tem sido o principal erro dos especialistas e também da imprensa. O desespero por explicação chega a tal ponto que explicações absurdas são tomadas como verdade, como a de uma revista semanal que garantiu que Suzane matou os pais porque a mãe trabalhava fora e o pai era um rígido alemão.

**O caso de Suzane, aliás, está longe de ser único. É um fenômeno de que proporção?**
O caso de Suzane é muito mais comum do que sonhamos imaginar. O dela aparece por ser um caso-limite, um transbordamento, mas o fenômeno é comportamental e bastante amplo. Não faz muito tempo, fui até a delegacia acompanhar o caso de um rapaz que estava andando com a namorada na rua, passou um outro jovem e lhe deu com um soco inglês no rosto. Eles não se conheciam, nunca tinham se visto e não houve qualquer contato

prévio. Nem bate-boca nem nada. Agressão gratuita, pura e simples. Ainda no Distrito, a delegada pede minha opinião sobre um outro caso que acabara de acontecer. Um garoto, conversando com a namorada pela internet, com câmera, trocando juras de amor, etc. Em certo momento, o garoto diz para a namorada que está um pouco chateado. Vira a câmera para a janela e se joga do décimo sétimo andar.

**Não é o tipo de coisa que pode ser prevista?**
Não dava para prever. Não havia nenhum histórico anterior, pelo menos no sentido clássico, do modo como esse tipo de coisa era prevista antes. E os outros problemas ligados a esse fenômeno idem. As drogas, por exemplo, afetam um número muito maior de pessoas do que a imprensa tem noticiado. Por quê? Porque o tóxico é um receptor universal. Frente à angústia, ao fato de os laços de identidade estarem soltos, o tóxico responde às solturas de qualquer pessoa. Isso é um fenômeno que está ocorrendo e que vai continuar acontecendo se nós não legitimarmos os novos laços sociais. Um dos caminhos da nova psicanálise é justamente este, o de trazer um pouquinho desses novos elementos.

**Ainda sobre o caso da Suzane: se não existe um jeito de enquadrar, como entender, pelo menos?**
Não conheço as razões da Suzane, mas, durante o julgamento, o Instituto da Psicanálise Lacaniana, que presido, promoveu dois debates. Um deles com a promotoria e outro com a defesa. O que senti é que todas as categorias para julgar a Suzane estão velhas. Só que não há outras. É óbvio que temos que mudar esse sistema rapidamente.

**Mas não é possível, então, explicar Suzane?**
A primeira resposta que posso dar é que casos como o de Suzane são representantes limítrofes de um novo mal-estar dessa sociedade, um descompasso afetivo na falta de melhor termo. Em um primeiro momento, frente à liberdade que a globalização trouxe, ela foi muito bem-vinda mas, no momento seguinte, a sociedade voltou atrás porque ficou apavorada com a falta de segurança que a ausência de padrões provoca. Não dá para dizer que a Suzane é psicopata porque no dia seguinte ao assassinato ela promoveu um churrasco. Não dá. Ela provavelmente estranha a si própria. Acredito que a sociedade não vai conseguir se defender disso dando drogas químicas para contenção. Nem internando em camisa de força e muito menos dizendo que há possessão demoníaca. Acredito que a sociedade deve ver nesses exemplos a prova de como ela não está preparada para estas mudanças e como urge que mude o caminho que ela tomou. Porque, atualmente, a crença é de que é possível controlar a emoção humana.

**A resposta da sociedade tem sido aumentar o controle social. É esse o caminho?**
De forma alguma, pelo contrário. Recentemente, na França, tivemos dois casos assim, de grande repercussão, em que pacientes recém-liberados de clínicas psiquiátricas cometeram crimes, em duas cidades diferentes, Pau e Paris. O Ministro da Saúde local anunciou uma coletiva de imprensa e, quando se esperava que ele anunciasse normas mais rígidas, ele foi contra a opinião pública e aplicou um plano de longo prazo, milionário, que daria possibilidade às pessoas de serem escutadas antes de matarem outras por não suportarem mais a angústia da existência. Foi um escândalo, porque isso ia contra toda a perspectiva. Mas se provou a estratégia certa. No lugar de reprimir, ouvir,

assumindo a impossibilidade do Estado de tudo controlar. É preciso diminuir o controle e aumentar na sociedade esse lugar de escuta. Ainda é pouco frente à urgência de respostas que possam apaziguar uma preocupação social, mas é muito se pensarmos que estamos corrigindo uma rota errada.

**Que espaço a amizade terá nesta nova ordem das relações?**
Parece um tema banal, a amizade, não? Mas não tem nada disso. Ela terá um papel fundamental, a amizade será o afeto mais importante desta nova era, a era da globalização. A amizade, que andava desprestigiada, mal vista, desconfiada, passa a ganhar um relevo grande daqui para frente. Você coloca a amizade neste patamar nas novas relações sociais. Mas, quando se fala de pós-modernidade, a impressão que se tem é exatamente a inversa, das pessoas se isolando cada vez mais... Está errada. É uma ideia das pessoas de mais de 40 anos que entendem que o mundo atual está perdido, sem princípios e sem moral, quase uma Sodoma e Gomorra decadente. São as pessoas que acham que 'precisamos voltar aos bons princípios'. Corremos um sério risco de um movimento neo-reacionário complicado. Aliás, já estamos nele, basta ver o número de bispos que nascem igual capim nas esquinas brasileiras. Essa ideia que você colocou é usual. Passou-se a promover a ideia de que na pós-modernidade, como não há um padrão de comportamento, cada um irá se virar por si, em isolamento e narcisismo muito grandes.

**E não é assim?**
Mesmo Narciso precisa do outro. Mesmo se isso fosse verdade, o narcisista precisa encontrar outras pessoas. Não acho que a pós-modernidade leve à individualidade. Ela leva, sim, a uma singularidade. Leva a um homem multifacetado, complexo, pronto a diversas circunstâncias. A flexibilidade é um dos grandes

termos deste momento. Como não se tem um padrão – como se tinha em outros tempos e no qual a pessoa se adequava ou não – as pessoas acabam tendo que criar e inventar sua própria vida ou se adequa àqueles que inventam a vida por ela.

**Quais são as consequências disso?**
Angústia. As pessoas não sabem o que estão fazendo, se questionam. E acabam se acovardando e se tornando consumidoras de livros de autoajuda ou pagadoras de dízimo para bispos de Miami. Ou isso ou você suporta a angústia dessa criação da própria vida sem padrões pré-estabelecidos. Mas essa angústia da criação faz com que aquilo que você pensa e aquilo que você queira sejam sempre diferentes. É neste momento que você precisa de um amigo, aquele que pode não acabar com sua solidão, mas suportar a solidão com você. Solidão é palavra parecida com 'solidário'. Entendo o amigo como alguém que não necessariamente sente o mundo da mesma forma, mas aceita que o amigo o sinta da forma que lhe convier. É necessário, para as pessoas não enlouquecerem, esta presença do amigo.

**Estamos falando, então, de um novo tipo de laço social?**
É, sim, um novo tipo de laço social, que não necessita da compreensão para se justificar. Tanto no mundo iluminista quanto no mundo moderno, estar junto era repartir uma forma de visão, era ver o mundo de forma semelhante. Quando falamos, por exemplo, sobre os torcedores do Santos, sabemos que são aqueles que se unem em torno do brasão do time. Os funcionários do Banco do Brasil são outro exemplo. Hoje, precisamos descobrir que tipo de laço social vai servir dentro da quebra dos padrões. Agora, quando falo sobre os participantes de uma festa de música eletrônica, as *raves*, o que posso dizer sobre o que os une? Eles repartem uma presença, não um sentido comum.

**Como assim?**
A música eletrônica não tem um sentido comum. É uma música que não necessita de compreensão. Eu ouço uma música com uma outra pessoa, danço com ela mas não reparto as mesmas palavras ou ideias. Acabou o *Strangers in the night* ou a discussão do 'eu sou Beatles e você é Rolling Stones' ou 'eu sou Chico e você é Vandré', que eram representações muito claras do lirismo de Paul McCartney contra a dureza de Mick Jagger ou o lirismo de Chico contra a revolta de Vandré. Não há mais, nem, a coisa do 'você quer ser minha namorada'. Hoje, as pessoas se juntam por um certo tempo para se permitirem, umas com as outras, suportes de desejos distintos e, de repente se separam, ou de repente, prosseguem.

**Não há mais a tradição dos relacionamentos que podiam ser classificados como namoro, noivado, casamento, etc.?**
Não há mais, mesmo, a tradição. Não se fica mais junto em nome de uma tradição, até porque isso (tradição) é considerado um fato histórico. Não se ama mais 'em nome de'. Aquela coisa do 'estou com ela porque prometi à mãe dela que iria cuidar até o fim da vida' ou 'estou com ela por causa dos filhos'. Hoje em dia ninguém mais tem desculpa para estar ou não com tal pessoa senão a própria vontade. As pessoas estão com as outras porque querem. Sem explicação. Até porque se amantes resolverem explicar porque estão um com o outro, se separam (risos).

**Não provoca insegurança, essa falta de laços?**
Gera insegurança para os covardes e entusiasmo para os criativos, para aqueles que vêm, no atual estágio, a possibilidade de se inventar uma nova era. Somos os passageiros de um novo mundo, temos a chance de reinventar o amor, a educação, as novas formas de laço social – seja no casamento, no trabalho ou

na família – e até uma nova forma de envelhecer, já que, com os avanços da Medicina, as pessoas estão ganhando até 50 anos de sobrevida. Temos a vida toda por fazer. Muito pouco veio pronto. Temos a possibilidade do exercício maior do ser humano, que é a invenção e a criatividade. Estar mal neste momento é para aqueles que gostam do PF, do prato feito, para aqueles que preferem que alguém lhes diga com quem vão casar, o que vão comer, para onde vão nas férias. Só está mal hoje em dia quem gosta de passar férias na Disneylândia.

**A juventude, então, é vanguarda nesse processo?**
Totalmente. É total vanguarda. Eu não os chamo mais de adolescentes (nem gosto do termo), os chamo de mutantes. Eles não são como seus pais, não há qualquer possibilidade de que sejam ou venham a ser. Não temos que ficar olhando para essa juventude com o nosso olhar careta de adultos e dizendo que eles não têm os valores que as gerações anteriores tinham, que não sabem o que fazem só porque entram em uma faculdade e mudam para outra, ou que não seguem uma religião ou que chegam tarde em casa. Ou, pior ainda, não devemos considerá-los superficiais porque ficam se beijando nas festas e propagando infecções de cárie (risos). Não acho nada disso. Estamos em um novo mundo e, se queremos entender qual é a química e como funciona esse novo mundo, não olhemos os velhos.

**Os jovens já descobriram, então, essa nova forma?**
Voltemos nossos olhos para os jovens. Não somos nós que vamos criar os novos laços sociais, o que seria uma pretensão digna de certos advogados que acham que vão limitar o comportamento humano por meio de leis e determinações de como as pessoas devem se comportar. Isso é risível. Já existe um novo laço social, a sociedade não espera nossa autorização. A globalização já se

deu. Em face disso, temos que ser rápidos. Temos que sair de nossa tranquilidade, dos nossos padrões. Precisamos saber que isso envelheceu, que nós temos novos problemas pela frente que não têm nada a ver com os de 30 anos atrás. E que já existem soluções. Devemos olhar para essa juventude um pouco como Fleming descobriu que tinha a solução da penicilina em suas mãos e que era só pegar o que estava em estado bruto (o bolor) e refiná-lo. A meu ver, devemos nos questionar sobre falsos medos.

**De que tipo de medos estamos, então, falando?**
Por exemplo: as pessoas pensam que se não fizermos leis mais duras os meninos tresloucados serão todos promíscuos e irão morrer de aids. É mentira. Os índices de promiscuidade baixaram, nos últimos dez anos, na Inglaterra, na França, na Alemanha, na Itália e também no Brasil, segundo estudo publicado em outubro do ano passado. Temos é um novo tipo de amor, que não pode ser avaliado sob o olhar dos representantes do velho tipo. Precisamos olhar para esses mutantes, para essa juventude, e descobrir de que maneira eles se constituem. Temos que legitimar o que eles estão fazendo.

**Isso não pode ser confundido com permissividade?**
Legitimar não quer dizer autorizar. Não estou dizendo que os pais devem dizer 'então eu te autorizo a ir para a balada e voltar às 6 horas da manhã'. Essa posição também é reacionária, porque pressupõe autoridade.

**O que o senhor quer dizer, então, com legitimar?**
Legitimar é encontrar as leis que regem esse novo tipo de vinculação e aplicá-las ao maior número possível de pessoas. Porque as pessoas precisam de uma nova bula para esse mundo. Ninguém sabe o que fazer dentro da globalização. Mas esses moços têm

um *savoir-faire*, eles sabem viver neste mundo. Prova disso é a desenvoltura com que manejam os computadores e todas as novidades que surgem. Isso, de certa forma, enlouquece os pais e os educadores.

### O autodidatismo é maior hoje?
Essa é uma das fontes de conflitos. A geração com mais de 40 anos foi marcada pela intermediação do saber. Uma ação só se dá depois de um saber conquistado. Era a prudência do iluminismo: primeiro eu sei depois eu ajo. Não é o que acontece agora. Essa geração age e sabe simultaneamente. Isso revela um novo mundo. E, insisto, temos que legitimá-lo. Descobrir suas leis e com isso acalmar os mais apavorados, explicando o quanto de criativo tem tudo isso, em todos os níveis.

### Esses jovens, que estão vivendo em um mundo tão diferente, ainda convivem com uma escola congelada nesse modelo de mediação de educação. Como se dá isso?
A sociedade fica se perguntando quais seriam os novos rumos da educação, já que o modelo atual está falido. O que acontece hoje é simples: eles não convivem, acham uma perda de tempo total.

### E para onde estes ventos da globalização vão levar a escola?
Ela está vivendo uma crise muito grande. A escola, em um primeiro momento, era um pouco como "O Ateneu", de Raul Pompéia, que dizia que tudo o que estava dentro da escola prestava e tudo o que estava fora não. Depois, a escola é à Caetano Veloso. Ou seja, não é mais 'aqui dentro é bom e lá fora é mau', é 'meu bem, meu mal'. A época da discussão excessiva, sempre na tentativa de aceitação universal. Foi a pedagogia do 'eu te entendo'. Eu diria que estamos tentando chegar em um terceiro momento, que suporta a impossibilidade do tudo saber e consegue orientar

ou estar com o aluno neste limite, não transmitindo a ideia de que tudo é possível. Se isso não for feito, vamos continuar com o principal sintoma da pedagogia de hoje em dia, o fracasso escolar. Não é nem rebeldia, porque isso pressupõe que a pessoa não está aceitando algo, mas está propondo uma alternativa. Hoje, eles simplesmente não se interessam.

**Faltam as referências?**
Exato. Não pode haver rebeldia quando não há referências. Rebeldia pressupõe a existência de um padrão. O aluno de hoje é desinteressado e, quando o professor ameaça com a repetência ou suspensão, o jovem não dá a menor importância e se questiona porque o professor pensa que aquilo tem alguma. O professor diz que se ele não passar de ano não vai entrar na faculdade, mas o que ele reflete é que não tem certeza nem de que entrar na faculdade é o que ele quer. O professor avalia o aluno dentro de seu próprio universo referencial. A pedagogia, enfim, precisa de mudanças, assim como a psicanálise. Mas em ambas as áreas a resistência é enorme.

**Na escola o cenário é o já descrito. A vida profissional, de certa forma consequência dele, também está sendo afetada pela globalização. Não há mais, por exemplo, aquela tradição de se formar em uma faculdade, entrar em uma empresa e ficar o resto da vida por lá. Quem lida mal com esse fenômeno?**
Quem lida mal são os pais. Não dá para dizer que os jovens estão sofrendo com a falta de referências, porque eles nunca a tiveram. Só se sente falta do que já se teve. A visão da sociedade que assegura o futuro do indivíduo é típica do mundo que estamos abandonando. Não falo nem, apenas, de trabalhar em uma só empresa ao longo da vida. Acho mesmo que os novos

trabalhadores não terão uma única profissão, mas combinarão várias. Uma principal e outras acessórias.

**E quanto à questão da mudança de curso?**
Há algum tempo, pouco, fiz um estudo a pedido da USP sobre a Evasão Escolar. Já chegou desta maneira, com o diagnóstico formado. E, na encomenda, pedia-se respostas para questões como por que motivos os alunos entram em História, mudam para Química, depois trocam para Letras. Por que estão tão perdidos. Essa visão, também, está toda errada. Não há evasão, os jovens estão é singularizando seus percursos acadêmicos desta forma. Esses meninos de hoje vivem uma realidade diferente das gerações passadas. Antes, o futuro era uma projeção do presente. O jovem ouvia dos pais que o importante era fazer Engenharia ou entrar no Banco do Brasil. Hoje em dia, isso é ridículo. O futuro é uma invenção do presente. Esse moço que, na faculdade, está mudando de um curso para outro, está na verdade inventando seu futuro a cada momento, sabe que a vida não tem piloto automático. Vivemos em uma sociedade de risco, não de garantias. Não devemos mais buscar garantias, e sim formas de não nos angustiarmos frente aos riscos, transformando-a em uma angústia criadora.

**Ainda dentro da questão da escola: o ensino superior, especialmente no Brasil, caminha na direção oposta a essa tendência, apostando no modelo USP de especialização cada vez maior. Como o sr. vê essa situação?**
Vejo o ensino superior muito mal. Mas muito mal mesmo. Infelizmente vejo um número grande de faculdades particulares trabalharem com educação da mesma forma que os bispos das esquinas trabalham com a aflição humana ou que os livros de autoajuda trabalham essa questão. São verdadeiras fábricas

comerciais, lamentáveis, de um nível de reflexão abaixo de zero. Essas instituições até cumprem as exigências ministeriais para o funcionamento do curso, como sala, currículo e títulos de professores, mas isso não basta. Elas matam justamente o vírus fundamental da universidade, que é a inquietação, a pesquisa, o inconformismo e a insatisfação com a resposta pronta. Tudo isso em nome da garantia de um suposto título, de cursos de pós-graduação – esses famosos MBA – que vão agregar valor ao seu currículo.

**Isso no caso das universidades particulares. As públicas estão melhores?**
Não me entusiasmam mais, porque vejo nelas um arcaísmo muito grande. É uma academia distante das novas questões sociais do homem e que gera um saber absolutamente inútil. Espero e luto para que a universidade tome um novo rumo e possa ocupar o lugar devido na história, e não se transformar na Igreja Universal cover. Quanto à USP, que você citou, em que pese meu respeito por essa instituição, que é de longe a melhor da América Latina, ela poderia avançar muito mais se não tivesse tantos pruridos de uma burocracia acadêmica obsoleta. Mesmo sofrendo muito disso, consegue ser a melhor. Se não sofresse, poderia estar entre as melhores do mundo.

**O senhor sempre foi um crítico do estudo do genoma e de suas promessas de cura. Hoje, trabalha em parceria com o Projeto Genoma, da Universidade de São Paulo. Mudou de opinião?**
Você tem razão, eu critiquei muito o estudo do genoma humano. Continuo tendo horror da visão do genoma como a possibilidade do estabelecimento de um código de vida para as pessoas, onde haveria ligação entre determinação genética e comportamento.

As pessoas usam as pesquisas genéticas para dar à sociedade a ideia falsa de que será possível determinar amor, felicidade de opções do homem por meio de suas determinações genéticas. Querem é animalizar o homem, acham que o grande barato será o dia em que o homem e uma vaca forem vistos da mesma forma. Mas achei interessante encontrar, dentro da USP, opiniões contrárias a essa visão totalitária.

**O cenário que o senhor apresenta é semelhante ao de livros como Admirável Mundo Novo, de Aldous Huxley, não?**
Ocorre que, no ano passado, organizei um seminário chamado Sociedade de Controle *versus* Psicanálise. O objetivo era exatamente mostrar que, frente à globalização, a resposta da sociedade estava sendo a de aumentar o controle, fosse o digital, nos aeroportos e nas portarias dos prédios. Essa sociedade de controle iria – como acho que vai – sufocar o homem, retirando-o do contato com o outro. É uma falsa proteção, provisória, que ainda tem como efeitos colaterais a perda da cidadania e o aumento da agressividade.

**Voltando à discussão do genoma: como se dá sua parceria com o Projeto Genoma da USP?**
Esse é meu projeto mais importante atualmente, e é único no mundo. O trabalho é feito com as pessoas que recebem diagnóstico de doenças genéticas, que é algo completamente novo. Dirijo um projeto conjunto ao Genoma, no qual utilizo a psicanálise nos pacientes do projeto Genoma. Está interessante porque a primeira parte deste projeto é o que chamei de desautorização do sofrimento.

**Desautorização do sofrimento?**
As pessoas têm muito medo de lidar com o novo, com o surpreendente. E nada mais estranho do que um diagnóstico genético, que prevê coisas que ainda não estão ocorrendo. Antigamente, você sentia alguma coisa e ia ao médico para ver o que era. Hoje, de repente, você não tem nada, mas alguém da família tem, você é chamado para fazer um exame e descobre que, dali 10 anos, vai ter uma paralisia, por exemplo. É muito maluco isso, na cabeça do indivíduo, difícil de compreender e de aceitar. Muitas pessoas, não suportando isso, imediatamente vestem a surpresa com o sofrimento que a sociedade espera. Se cria, então, uma relação muito ruim, da compaixão na família e o paciente entra em resignação. Essa atitude mútua piora muito a situação, porque a pessoa se entrega à doença e, ao fazer isso, a vida da pessoa acaba e o curso da doença se acelera. Mostramos aos pacientes a necessidade de saírem desse circuito da doença e entrar em uma nova experiência, inventar uma nova forma de serem e de aproveitarem a vida. É uma nova psicanálise.

**Como foi crescer em Santos e que influência isso teve na sua opção profissional?**
Crescer em Santos me possibilitou crescer entre amigos. Me deu também uma liberdade de movimento que não teria em outra cidade. Pude, em Santos, conjugar os estudos com a praia e também o esporte. Por ser pequena e uma ilha, acho que Santos é uma cidade que sonha, que é sempre vanguarda. No golpe de 64 eu tinha 13 anos e vi minha Cidade perder um prefeito negro, Esmeraldo Tarquínio, que foi substituído por um militar que o bom gosto me faz esquecer o nome. É um turbilhão político e também cultural, com as músicas do Gilberto Mendes e do Almeida Prado, o Clube de Arte na Avenida Ana Costa, as exposições de quadros do Paulo Prado, a galeria da Cultura

Americana, do CCBEU. O mar de Santos que infinitiza o olhar, a presença do estrangeiro, pelo Porto. A noção do intercâmbio por esse mesmo porto. Os jardins da praia e o respeito pelo belo. Não é à toa que existem tantos santistas que saíram da cidade e venceram.

## 25 EU É UM OUTRO

**Que saída então podemos encontrar para o íntimo de nós mesmos não ser violado?**

COMO SE DEFENDER FRENTE À INVASÃO TECNOLÓGICA de nossas intimidades? Como se proteger dos olhos e das orelhas espalhados por todo canto, gulosos de lhe conhecer em detalhes? A profecia de George Orwell, em seu livro "1984", se concretizou. O "Grande Irmão" nos assusta tal qual um superego tirânico, coletivo e sorrateiro sempre preparando uma acusação de um delito que será logo revelado ao mundo. Em vista disso, assistimos à multiplicação de defesas: vidros escuros, detectores de metais, *hackers* do bem, criptografias, senhas e mais senhas, condomínios fechados e muitas mais. Ao contrário de Caetano Veloso, que pede "não se esqueça de mim, não desapareça", tudo o que hoje pedimos é: esqueça.

Ainda recentemente, sobre isso, o Direito ao Esquecimento foi julgado no Supremo Tribunal Federal. O voto do relator, ministro Dias Toffoli, contra esse Direito, foi acompanhado por todo o plenário com uma só exceção. Vale a pena a leitura do voto que aponta o risco de apagarmos a história se aceitarmos tal Direito.

Que saída então podemos encontrar para o íntimo de nós mesmos não ser violado? Precipitando a resposta diria com o verso de Rimbaud que uma vez que "Eu é um outro", tudo o que de mim captarem será sempre de um outro.

Esclareço. Muito além de discussões ministeriais sobre a cor do cobertor que envolve um recém-nascido, o processo de humanização se dá pela história familiar que nos acolhe. Peguemos um exemplo simples, o nome de uma pessoa. Que o leitor se pergunte por que se chama José, Maria, Silvio ou Ana. Rapidamente se dará conta de como a sua identidade foi construída a partir do outro. Vejamos uma experiência comum à grande maioria das pessoas. Quando Maria atinge os 2 anos, ela pede para sua mãe: "Maria quer água." A mãe, julgando que sua filha já está grandinha, lhe contesta: "Minha filhinha, você não deve dizer Maria quer água, mas, sim, eu quero água." Maria responde: "Você também quer água, mamãe?". E aí Maria recebe a interpretação crucial: "Não, minha filha, você tem que entender que eu é você." Assim surgimos como um eu num lugar de um outro, dando razão ao poeta: "eu é um outro".

Compreender esse fato não é difícil, espero. O difícil é abrir mão da dependência do olhar do outro, da aprovação do outro, do aplauso do outro. Esses fatores fazem com que acabemos dando consistência a olhares e escutas perversos. Parodiando

Disraeli, se conseguirmos seguir o conselho "Não se explique, não se justifique", mostraremos que o que a tecnologia capta do eu é só espuma.

## 26 AMOR ADOLESCENTE

> Afinal, as mais importantes coisas da vida não se compreendem, a começar pela declaração: Eu te amo!

AMOR ADOLESCENTE. Este é o tema que a comissão científica, a quem agradeço, nos convidou a apresentar, nesta primeira reunião plenária do XXI Encontro Brasileiro do Campo Freudiano.

Amor adolescente – interessante – não amor do adolescente, nem amor na adolescência, o que seriam outros temas possíveis. Ao se dizer "amor adolescente", qualificamos o amor e abrimos possibilidades de comparação. As mais imediatas são com o amor infantil e com o amor adulto, dada a clássica tripartição: criança, adolescente, adulto.

O amor infantil é baseado na extrema dependência ao Outro, a um Outro provedor, no qual a pessoa se vê emborcada, pois as fronteiras subjetivas estão esvanecidas. O amor adulto, pelo avesso, é o amor regrado, estável, burocrático, metódico, cantado por Rita Lee em Panis et Circenses, como aquele das pessoas da sala de jantar ocupadas em nascer ou morrer.

E o amor adolescente, como situá-lo? Entre várias, destaco uma característica comezinha: o amor adolescente é sem sobrenome. Os pais perguntam aos filhos: "Quem é essa Maria, Maria do que?", "José, José do que?". E os filhos contestam: "Maria é Maria, José é José". Eles não sabem o sobrenome, isso quando nem sabem o nome, quando a Mika é a Mika, e o Petit é o Petit. O amor adolescente ao desprezar o sobrenome, despreza a origem, a tradição, relevando o presente. E se lhes for indagado o que pretendem com a Maria ou com o José, a resposta poderá ser vista como igualmente evasiva: "Sei não, tô vendo". O amor adolescente, nesse aspecto teria algo dos estoicos, para quem o passado e o futuro são paixões tristes, dado que o passado, a nostalgia, se refere ao que *foi* bom; enquanto o futuro, a esperança, se refere ao que *será* bom. Os dois, passado e futuro, toldam o presente que fica assim como puro ponto de passagem. Não, para o amor adolescente o passado não é mais, e o futuro não é ainda.

Com o presente sendo privilegiado sobre o passado e o futuro, o amor adolescente é um bom exemplo de um amor sem intermediação dos nomes do pai: nem a tradição do passado, nem a segurança do futuro. Um novo amor, como esboçou Jacques Lacan. Esse novo amor, no curto-circuito do Outro, não se explica por nenhuma razão além da presença e do presente. Esse novo amor corresponderia ao título de Mário de Andrade: "Amar, verbo intransitivo". Provavelmente – essa é uma hipótese que venho perseguindo – depois do pai, o novo amor se constitui como uma nova transcendência para o mundo pós-moderno, por conseguinte, para a psicanálise do século XXI.

Aprendi muito sobre esse amor sem explicação, ou seja, sem razão, observando um dos mais importantes fenômenos de massa dos jovens: a música eletrônica. Diferentemente das expressões musicais que a precederam, a música eletrônica não tem significados, por conseguinte, não se canta junto. É uma música sem letra e seus estilos se diferenciam pelo número de batidas por minuto. Nostálgicos, por causa disso, a apelidaram maldosamente de bate-estacas. No entanto, essa bate-estacas consegue juntar massas de um a dois milhões de pessoas em *techno-parades*, público impensável até então. E essas pessoas estão juntas sem se compreenderem, o que é notável. Teriam aberto as portas do Sanatório Geral, do Chico? Não, mas que nada, responderia Ben Jor. O que aí se demonstra é que para estar junto não é necessário se compreender. Por que a surpresa? Afinal, as mais importantes coisas da vida não se compreendem, a começar pela declaração: Eu te amo. Estamos, é o que se deduz, na época dos monólogos articulados, do *ressoar*, como se referiu Lacan.

Nesta época, desse amor adolescente que parece que não vai passar, ao contrário, pois da forma como o estamos pensando ele é próprio ao mundo desbussolado; nesta época o binômio "Invenção e Responsabilidade" é fundamental. Quando tínhamos um amor mediado pelo pai, o que analisávamos eram as diferentes posturas conscientes e inconscientes frente à disciplina paterna, a ordem do pai. A psicopatologia estrutural freudiana: neurose, perversão, psicose, cujo uso em Lacan chamamos de primeira clínica, tem esse embasamento. Já na segunda clínica, além do édipo e além do pai, frente à opacidade *sinthomal* que não se explica, nem se justifica, aí é fundamental inventar uma resposta e se responsabilizar por ela no mundo, donde proponho:

"Invenção e Responsabilidade", como base da clínica atual. Se ontem o analista se emprestava à cadeia significante, hoje ele empresta consequência, em um ato analítico cirúrgico. Nas palavras de Lacan, em seu seminário Momento de Concluir, em 1978: *Élever la psychanalyse à la dignité de la chirurgie, par exemple, c'est ce qui serait bien souhaitable* (Elevar a psicanálise à dignidade da cirurgia, por exemplo, é o que seria bem desejável).

Ainda um detalhe, de certa importância, do novo amor. Será que nos dias atuais, nos quais o futuro não é ser adulto, mais um contínuo adolescer, a tripartição do amor entre Eros, Filia e Ágape se manterá? Tomemos a diferença entre Eros e Filia. Eles funcionam em sistemas libidinais muito diferentes. Enquanto Eros funciona por acúmulo e satisfação, o que daria uma representação gráfica semelhante a uma cadeia de montanhas; Filia, a amizade, funciona em um contínuo estável, tal como retomamos a conversa com um amigo no ponto em que a deixamos três anos atrás, o que daria uma representação gráfica horizontal, como uma planície. Diz o jargão "casou virou parente", quando o regime da Filia se sobrepõe ao regime de Eros.

Podemos supor que o novo amor, ao se estabelecer na responsabilidade do encontro e da surpresa, e não na justificativa da ordem paterna, consiga dar nova articulação a Eros e a Filia, um não excluindo o outro, fazendo com que embora não seja imortal, posto que é chama, o amor cumpra o anseio do poeta, e seja infinito enquanto dure.

Trabalho apresentado em 25 de novembro de 2016, no XXI Encontro Brasileiro do Campo Freudiano.

## 27 EU TE AMO!

> É difícil constatar que temos quereres arbitrários e que, dentre eles, há os mais importantes, como o amor.

NÃO ADIANTA TENTAR EXPLICAR ESSA DECLARAÇÃO. Não adianta fazer DR (discussão de relacionamento) para tentar entender: ama quanto? Como? Por quê? Há quanto tempo? De que forma? Só a mim? E por aí vai.

Amar, hoje, é verbo intransitivo, como escreveu Mário de Andrade. Nem sempre foi assim, por muito tempo amava-se em nome de. Em nome do Senhor, dos filhos, da sociedade, da herança e de outras razões. Aí cabia a pergunta sobre o detalhe do amor. Mas o mundo mudou e o amor, dada sua importância de afeto primordial, é o melhor exemplo de como a arbitrariedade faz parte de nossas vidas.

Arbitrariedade não se deve confundir com totalitarismo, como sói acontecer. Totalitário é aquele que põe a força no lugar do argumento; já o arbitrário é quem reconhece o limite do argumento por faltarem palavras para explicar. Não há uma boa razão para uma mesa se chamar mesa, ou um cavalo se chamar cavalo, como explicou Ferdinand de Saussure. É arbitrário. Ser arbitrário é deparar com o limite da razão; ser totalitário é colocar um limite na razão.

Quando um pai, uma mãe, um chefe, um líder, um amante expressam uma vontade, muitas vezes não sabem dizer o porquê. Sentem que sua explicação é tosca, seu interlocutor também, e refazem a pergunta: por quê? Por quê? Caetano Veloso foi muito criticado, há anos, pela resposta que deu a um jornal que lhe perguntou se o Brasil tinha jeito. "Sim, ele tem jeito porque eu quero!", respondeu o criador de Sampa. Foi o suficiente para lhe choverem críticas na linha do voluntarista pretensioso.

É difícil constatar que temos quereres arbitrários e que, dentre eles, há os mais importantes, como o amor. Temeremos que frente a uma demanda arbitrária um filho nos diga: eu não gosto de você; ou que um colaborador constate: enlouqueceu!

Bons tempos, suspiram os saudosistas, em que tudo tinha uma razão de ser muito bem explicada: hora de trabalhar, trabalhar; de descansar, descansar; de brincar, brincar. Os obsessivos nadavam de braçadas.

Contrariamente, nessa era em que inauguramos TerraDois o equilíbrio com o intangível é sua marca; a convivência com o arbitrário, sua consequência. Vale o conselho para esses momentos: não se explique, nem se justifique. E se, mesmo assim, insistirem em uma explicação, lembre-os da máxima de Angelus Silesius: "a rosa é sem porquê".

# JORGE FORBES

Psicanalista, psiquiatra, pensador, escritor, conferencista e criador de TerraDois – a tradução do mundo em que vivemos.

Jorge Forbes, que encabeça a discussão da pós-modernidade no Brasil, é psicanalista e psiquiatra, doutor em psicanálise e em medicina. Autor de vários livros, especialmente sobre o tratamento das mudanças subjetivas na sociedade. Recebeu o Prêmio Jabuti em 2013. É criador e apresentador do programa TerraDois, da TV Cultura, eleito o melhor programa da televisão brasileira em 2017 pela Associação Paulista de Críticos de Artes (APCA).

**JORGEFORBES.COM.BR**

**VEÍCULOS DE PUBLICAÇÃO**

Site Oficial de Jorge Forbes: http://jorgeforbes.com.br/

Site do IPLA – Instituto da Psicanálise Lacaniana – SP: https://ipla.com.br

Jornal *A Folha de S. Paulo*

Jornal *O Estado de São Paulo*

Revista *HSM Management*

Revista *IstoÉ*

Revista *LOLA*

Revista *WELCOME Congonhas*

Revista *Psique*

Revista do *Jornal A Tribuna*